Prix : 60 centimes

AUTEURS CÉLÈBRES

Comte Léon TOLSTOÏ

LE
ROMAN DU MARIAGE

(Traduit du russe par Michel Delines)

PARIS
ARRON ET E. FLAMMARION
ÉDITEURS
RUE RACINE, PRÈS L'ODÉON

LE

ROMAN DU MARIAGE

AUTEURS CÉLÈBRES, à 60 centimes le volume (Blanc)

1. Camille Flammarion, Lumen.
2. Alf. Daudet, La Belle Nivernaise.
3. Émile Zola, Thérèse Raquin.
4. Hector Malot, Une Bonne Affaire.
5. André Theuriet, Le Mariage de Gérard.
6. L'Abbé Prévost, Manon Lescaut.
7. Énouard Cadol, La Belle Alliette.
8. G. Duval, Le Tonnelier.
9. Marie Robert Halt, Histoire d'un Petit Homme.
10. Bernardin de St-Pierre, Paul et Virginie.
11. Cat. Mendès, Le Roman Rouge.
12. Alexis Bouvier, Colette.
13. Louis Jacolliot, Voyage aux Pays Mystérieux.
14. Adolphe Belot, Deux Femmes.
15. Jules Sandeau, Madeleine.
16. Longus, Daphnis et Chloé.
17. Théophile Gautier, Jettatura.
18. Jules Claretie, La Mansarde.
19. Louis Noir, L'Auberge maudite.
20. Léopold Stapleaux, Le Château de la Rage.
21. Hector Malot, Séduction.
22. Maurice Talmeyr, Le Grison.
23. Goethe, Werther.
24. Ed. Dumont, Le dernier des Tremolin.
25. Van-Ricquard, La Sirène.
26. G. Courcelline, Le 51e Chasseurs.
27. Kropffer, Troppmann.
28. Goldsmith, Le Vicaire de Wakefield.
29. A. Delvau, Les Amours buissonnières.
30. E. Chavette, Lille, Tutu, Bébeth.
31. Ad. Belot, Hélène et Mathilde.
32. Hector Malot, Les Millions honteux.
33. X. de Maistre, Voyage autour de ma Chambre.
34. Alexis Bouvier, Le Mariage d'un Forçat.
35. Tony Révillon, Le Faubourg Saint-Antoine.
36. Paul Arène, Le Canot des six Capitaines.
37. Ch. Canivet, La Ferme des Gobel.
38. Ch. Leroy, Les Tribulations d'un Fumeur.
39. Swift, Voyages de Gulliver.
40. René Maizeroy, Souvenirs d'un Officier.
41. Arsène Houssaye, Lucie.
42. Théroulde, La Chanson de Roland.
43. Paul Bonnetain, Au Large.
44. Catulle Mendès, Pour lire au Bain.
45. Émile Zola, Jacques Damour.
46. J. Rouquex, Quatre petits Romans.
47. Armand Silvestre, Histoires joyeuses.
48. Paul Deroulède, Sous les Tropiques.
49. Villiers de l'Isle-Adam, Le Secret de l'Échafaud.
50. E. Daudet, Jourdan Coupe-Tête.
51. Camille Flammarion, Rêves étoilés.
52. Mme J. Michelet, Mémoires d'une Enfant.
53. Théophile Gautier, Avatar. — Fortunio.
54. Chateaubriand, Atala. — René.
55. Ivan Tourgueneff, Récits d'un Chasseur.
56. L. Jacolliot, L'Crime du M. D...
57. P. Bonnetain, Marsouins et Mathurins.
58. A. Delvau, Mémoires d'une Honnête Fille.
59. René Maizeroy, Vava Knoff.
60. Guérin-Ginisty, La Fange.
61. Arsène Houssaye, Madame Trois-Étoiles.
62. Charles Aubert, La Belle Lucicle.
63. Mis D'Agenonde, L'Échique des Cadavres.
64. Guy de Maupassant, L'Héritage.
65. Catulle Mendès, Monstres parisiens (nouvelle série).
66. Ch. Diguet, Moi et l'Autre.
67. L. Jacolliot, Vengeance de Forçats.
68. Hamilton, Mémoires du Chevalier de Grammont.
69. Martial Moulin, Nella.
70. Charles Diguet, L'Abîme.
71. Hr. Second, Le Lion amoureux.
72. Hector Malot, Les Amours de Jacques.
73. Edgar Poë, Contes extraordinaires.
74. Edouard Bonnet (d' Brent), La Revanche d'Orgon.
75. Theo-Crit, Le Sénateur Ignace.
76. Robert-Halt, Brave Garçon.
77. Jean Richepin, Le Morts bizarres.
78. Tony Révillon, La Bataille de la Bourse.
79. Tolstoï, Le Roman du Mariage.
80. Franchequh Sarcey, Le Siège de Paris.

Chaque ouvrage est complet en un volume. — La 2e série est en préparation.

COMTE LÉON TOLSTOÏ

LE

ROMAN DU MARIAGE

TRADUIT DU RUSSE

PAR

MICHEL DELINES

PARIS

C. MARPON ET E. FLAMMARION, ÉDITEURS

RUE RACINE, 26, PRÈS L'ODÉON

Tous droits réservés

LE
ROMAN DU MARIAGE

PREMIÈRE PARTIE

I

Nous portions le deuil de ma mère que nous avions perdue en automne, et nous étions restées toutes seules à la campagne, dans notre maison, pour y passer l'hiver.

J'avais auprès de moi Katia et Sonia.

Katia était notre institutrice, elle nous avait élevées comme une tendre niania. Mes souvenirs les plus lointains me la représentent comme une vieille amie de la maison que j'aimais déjà de tout mon cœur.

Sonia était ma sœur cadette.

Quel sombre et triste hiver nous avons passé dans notre maison de campagne de Pokrovskoe! Qu'il faisait froid! Le vent tassait la neige en monticules plus hauts que nos fenêtres. Nos carreaux étaient presque toujours opaques à force d'être gelés, et de tout l'hiver nous ne sommes pas sorties une seule fois pour faire une visite.

Les personnes qui venaient nous voir de loin en loin n'apportaient pas la joie et la gaieté dans notre maison. Elles avaient toutes des mines allongées et parlaient à voix basse, comme si elles craignaient de réveiller quelqu'un; jamais il ne leur arrivait de rire, au contraire, toutes poussaient des soupirs en me regardant et souvent fondaient en larmes en voyant ma petite sœur Sonia vêtue de sa robe de deuil.

La mort planait encore sur notre demeure et la remplissait de tristesse et d'épouvante.

L'appartement de ma mère restait fermé; quand je passais devant sa porte pour entrer dans ma chambre, j'étais saisie à la fois d'un sentiment de crainte et d'une envie irrésistible de l'ouvrir pour voir ce qui se passait dans cette pièce froide et déserte.

J'avais alors dix-sept ans. Ma mère venait de décider, au moment où la mort me l'a ravie, que cette année-là nous irions à la ville pour tout l'hiver et qu'elle me conduirait dans le monde.

La pensée que je venais de perdre ma mère me causait une douleur extrême, mais au milieu de mon affliction je n'oubliais point que j'étais jeune et jolie, à ce que tout le monde m'assurait, et que j'étais condamnée à passer encore un hiver à la campagne, dans la solitude.

Avant la fin de la saison cette impression d'isolement devint insupportable, l'ennui me dévorait, je ne pouvais plus me décider à sortir de ma chambre, ni à ouvrir mon piano ou à prendre un livre.

Lorsque Katia m'engageait à m'occuper

pour me distraire, je lui répondais invariablement : « Je ne peux rien faire », et au fond de mon âme je me disais : « A quoi bon ? »

A quoi bon lire, jouer, broder, quand les meilleures années de ma vie se consument dans la solitude ? A quoi bon ?

A cette question découragée je ne trouvais d'autre réponse que les larmes.

On me disait que je maigrissais et que je changeais à vue d'œil, mais cela m'était bien égal. A quoi bon être jolie ? Pour plaire à qui ? Il me semblait que toute ma vie devait se passer dans l'isolement, que j'étais vouée à cet ennui mortel dont je n'avais ni l'énergie ni la force de me secouer.

Vers la fin de l'hiver, Katia s'alarma au sujet de ma santé et déclara qu'il fallait coûte que coûte me conduire à l'étranger. Mais pour entreprendre ce voyage nous avions besoin d'argent, or nous ne savions pas au juste ce que ma mère nous avait laissé de fortune. Nous attendions de jour en jour l'arrivée de notre tuteur qui devait mettre toutes nos affaires en règle.

Il vint au mois de mars.

Un jour, que j'errais comme une ombre de chambre en chambre, désœuvrée, sans pensée et sans désir, Katia s'écria :

— Dieu soit loué ! Serguéï Mikhaïlovitch est arrivé ; il a envoyé demander de nos nouvelles et a fait dire qu'il viendra dîner avec nous... Voyons, ma chère petite Macha, continua-t-elle, secoue-toi. — Que va-t-il penser de toi ? Tu sais combien il nous aime toutes.

Serguéï Mikhaïlovitch était notre proche parent et l'ami de feu notre père, bien qu'il fût beaucoup plus jeune que lui. L'annonce de son arrivée me remplit de joie non seulement parce que sa présence pouvait favoriser nos projets et nous permettre de quitter la campagne plus tôt, mais parce que j'avais appris dès mon enfance à l'aimer et à le respecter.

Katia, tout en me conseillant de secouer mon apathie, devinait que de toutes les personnes de notre connaissance, Sergueï Mikhaïlovitch était celle devant laquelle j'aurais été le plus contrariée de paraître à mon désavantage.

Comme tout le monde à la maison, en commençant par Katia et Sonia, la filleule de Sergueï Mikhaïlovitch, pour finir par le dernier garçon d'écurie, je l'aimais par habitude, mais il avait en outre un attrait particulier pour moi, grâce à une réflexion qui était échappée à ma mère.

— Macha, s'était-elle écriée un jour, je voudrais pour toi un mari comme Sergueï Mikhaïlovitch !

Au moment même ces paroles me semblèrent étranges et presque désagréables. Mon idéal était tout autre. Mon idéal devait être un homme élancé, svelte, pâle et mélancolique. Sergueï Mikhaïlovitch, au contraire, n'était plus de la première jeunesse, il était grand, fort, et à ce qu'il me semblait, toujours de belle humeur. Cependant le souhait de ma mère frappa mon imagination, et je me souviens que six années auparavant, lorsque j'avais à peine douze ans et que Serguéï Mikhaïlovitch jouait avec moi et m'appelait « Ma petite Violette », je m'étais déjà demandé avec frayeur ce que je deviendrais, si tout d'un coup il lui venait à l'idée de me choisir pour femme.

Serguéï Mikhaïlovitch arriva un peu avant le dîner; Katia avait fait ajouter au menu ordinaire une sauce aux épinards et un gâteau à la crème.

J'avais guetté depuis ma fenêtre le moment où j'apercevrais son petit traîneau, mais lorsqu'il contourna l'angle de la maison, je descendis au salon, bien décidée à ne pas faire semblant de l'avoir attendu.

Pourtant lorsque je distinguai dans l'antichambre le bruit de ses pas, sa voix sonore et les exclamations de Katia, qui était allée au-devant de lui, je n'y pus plus tenir, et je courus à sa rencontre.

Il tenait la main de Katia et parlait à haute voix en souriant. Dès qu'il m'aperçut il devint sérieux et me regarda quelques instants sans me saluer. Je me sentis mal à l'aise et j'eus le sentiment que je rougissais.

— Comment ! est-il possible que ce soit vous ? dit-il simplement, avec le ton décidé qui lui était habituel ; il écarta les bras d'un geste d'étonnement et s'approcha de moi.

— Est-il possible de se transformer de la sorte ? Comme vous avez grandi ! Vous n'êtes plus une violette, mais une rose épanouie.

Il prit ma main dans sa large paume et la serra d'une pression honnête, vigoureuse, à me faire presque crier. Je m'étais figuré qu'il me baiserait la main, et je m'étais penchée vers lui, mais il se contenta de la presser une seconde fois, en plongeant dans mes yeux son regard ferme et gai.

Je ne l'avais pas revu depuis dix ans. Il avait beaucoup changé. Il me parut vieilli et plus brun ; il laissait pousser ses favoris, ce qui ne lui allait pas bien, mais il avait conservé ses manières si simples, son visage ouvert et franc, aux traits accentués, ses yeux spirituels et brillants, son sourire caressant, presque enfantin.

Au bout de cinq minutes il avait cessé d'être un ami en visite et faisait déjà partie de la famille, même pour nos gens, dont l'empressement à le servir témoignait la joie qu'ils éprouvaient à le revoir.

Il se conduisait tout au rebours de nos autres voisins, qui étaient venus nous voir après la mort de notre mère et jugeaient nécessaire de garder un morne silence ou de pleurer tout le long de leur visite. Lui, au contraire, se montrait plein d'entrain et de gaieté, et ne fit pas une allusion à la mort de notre mère.

Au premier abord, cette réserve me sembla étrange et même inconvenante de la part de quelqu'un qui nous tenait de si près. Mais ensuite je compris qu'il ne se taisait point par indifférence, mais par respect pour la mémoire de ma mère, et je lui en fus reconnaissante pour elle.

Le soir, Katia s'assit à table, entre ma sœur et moi, à la même place qu'elle occupait du vivant de notre mère, et elle versa le thé ; notre vieux serviteur, Grégoire, dénicha une vieille pipe de mon père, pour l'offrir à notre ami. Serguéï Mikhaïlovitch se mit comme autrefois à se promener dans la chambre, la pipe entre les lèvres.

— Quand je pense aux terribles changements qui sont survenus dans cette maison, s'écria-t-il tout à coup en s'arrêtant.

— Oui, dit Katia, avec un soupir, et recouvrant le samovar de son couvercle, elle regarda notre ami, toute prête à fondre en larmes.

— Vous rappelez-vous votre père? me demanda Serguéï Mikhaïlovitch.

— A peine.

— Comme vous auriez été heureuse avec lui! dit-il à voix basse, d'un air pensif et en regardant ma tête au-dessus des yeux.

— J'aimais beaucoup votre père, continua-t-il encore plus doucement.

Il me sembla que ses yeux devenaient plus brillants.

— Et pendant ce temps, Dieu leur a encore enlevé leur mère ! dit Katia.

Elle recouvrit précipitamment la théière de la serviette, tira vivement son mouchoir de la poche et se mit à pleurer.

— Oui, cette maison a vu de terribles changements, répéta Sergueï Mikhaïlovitch en se détournant.

Mais, quelques secondes après, il dit à ma sœur :

— Sonia, montre-moi tes joujoux, et aussitôt il l'accompagna dans le grand salon.

Mes yeux étaient pleins de larmes, je regardai Katia.

— Oh ! c'est un ami rare ! murmura-t-elle.

Et en effet, la sympathie de cet homme si bon, qui était pourtant un étranger pour moi, me faisait l'effet d'une brise tiède qui me soufflait au cœur un sentiment de bien-être ineffable.

Déjà nous entendions dans le salon les cris joyeux de ma petite sœur et le rire de Serguei Mikhaïlovitch.

Je lui fis porter un verre de thé, et peu après je devinai qu'il s'asseyait au piano et s'amusait à promener les menottes de Sonia sur les touches et à taper dessus.

— Marie-Alexandrovna ! cria-t-il subitement, venez nous jouer quelque chose.

Cette manière amicale et familière de m'appeler, me fit grand plaisir. Je me levai aussitôt pour le rejoindre.

— Jouez-moi ceci, dit-il, en ouvrant un cahier de Beethoven, à l'adagio de la sonate *quasi una fantasia.*

— Nous allons voir comment vous me jouerez cela, ajouta-t-il en reculant, son verre de thé à la main, dans un coin du salon.

Je ne sais pourquoi je compris instinctivement qu'il était impossible de faire des cérémonies avec un homme comme lui, et de refuser de jouer sous prétexte que je n'étais pas bonne musicienne. Je m'assis docilement au piano et je me mis à jouer de mon mieux. Cependant, je redoutais son jugement, car je savais qu'il aimait la musique et s'y connaissait.

L'adagio était bien dans le ton des réminiscences et des sentiments sous l'impression desquels je me trouvais; et il me semble que je n'ai pas trop mal joué. Quand je voulus aborder le *scherzo*, il m'interrompit.

— Non, dit-il, vous ne jouerez pas bien le *scherzo*, laissez-le, mais l'adagio était bien. Il me semble que vous comprenez la musique.

Cet éloge modéré me fit un tel plaisir, que je devins toute rouge.

C'était si nouveau et si agréable pour moi de le voir, lui, l'ami et l'égal de mon père, me parler en tête à tête, avec tant de sérieux, au lieu de me traiter en enfant, comme autrefois.

Katia était sortie de la chambre avec Sonia, qui allait se coucher, et je restai seule avec lui au salon.

Il me parla de mon père, me dit comment il avait fait sa connaissance, et comme la vie était gaie à la maison, du temps où je ne m'occupais que de mes cahiers et de mes joujoux. En l'écoutant, je croyais voir mon père se présenter à moi sous un jour tout nouveau, pour la première fois je voyais en Sergueï Mikhaïlovitch un homme simple et bon, sous un aspect familier que je ne lui connaissais pas.

Il me questionna également sur ce que j'aimais, sur mes lectures, sur ce que je pensais faire, et il me donna des conseils. Il n'était plus pour moi un compagnon folâtre, un amuseur qui me taquinait et me donnait des joujoux, mais un homme aimant et sérieux, pour lequel je sentais naître en moi un respect et une sympathie involontaires.

En parlant avec lui j'étais très heureuse,

mais en même temps j'éprouvais une certaine tension d'esprit. Je redoutais l'effet de chaque parole que je prononçais, je désirais mériter par mon propre mérite l'affection que je possédais déjà, comme la fille de son ami.

Lorsque Katia eut mis ma petite sœur au lit, elle revint vers nous et se plaignit à Sergueï Mikhaïlovitch de mon apathie, dont je m'étais bien gardée de lui souffler mot.

— Voilà, dit-il, en souriant et en hochant la tête d'un air de reproche, je vois qu'on m'a caché le principal.

— Pourquoi vous en aurais-je parlé, c'est sans intérêt, puis cela passera...

Il me semblait en ce moment que j'étais déjà délivrée de mon ennui et même qu'il n'avait jamais existé.

— Ce n'est pas bien de ne pas savoir supporter la solitude, dit-il; est-il possible que vous soyez une demoiselle?

— Sans doute, je suis une demoiselle ! répondis-je en souriant.

— Non, une sotte petite demoiselle, qui ne vit qu'autant qu'il y a quelqu'un pour l'admirer, et dès qu'elle est seule, la voilà anéantie, rien ne lui fait plaisir ; une demoiselle qui ne vit que pour faire plaisir aux autres et nullement pour elle-même, dont la vie est toute au dehors et qui n'a rien en elle-même.

— Quelle jolie opinion vous avez de moi! répondis-je, pour dire quelque chose.

— Non! ajouta-t-il, après une courte pause, ce n'est pas en vain que vous ressemblez à votre père, il y a quelque chose en vous!...

Et de nouveau son regard bon et pénétrant me remplit d'un trouble joyeux et flatteur en même temps.

Pour la première fois, je remarquai à travers l'expression de son visage, si gaie à première vue, ce regard qui lui était particulier, ce regard qui semblait si clair de prime abord et qui devenait de plus en plus pénétrant, avec une nuance de tristesse.

— Vous n'avez pas le droit de vous ennuyer,

et vous ne devez pas vous ennuyer, dit-il. — Vous avez pour vous distraire la musique, que vous comprenez bien, des livres que vous devez étudier. Vous avez encore devant vous toute une vie pour laquelle vous n'avez que le temps de vous préparer si vous ne voulez pas vous amasser des regrets pour l'avenir. Dans une année, ce sera trop tard.

Il me parlait comme un père ou un oncle l'aurait fait, mais je sentais qu'il faisait un effort pour me traiter de pair à compagnon.

J'étais mortifiée de sentir qu'il me considérait comme inférieure à lui, mais j'étais flattée de voir qu'il faisait pour moi seule des efforts pour paraître autre qu'il n'était.

Le reste de la soirée il s'entretint d'affaires avec Katia.

— Eh bien, à présent, adieu, chères amies, dit-il en se levant.

Il s'approcha de moi et me prit la main.

— Quand nous reverrons-nous ? demanda Katia

— Ce printemps, répondit-il, sans lâcher ma main.

— D'ici, je vais à Danilovka. (C'était une de nos propriétés.) Je mettrai les choses en ordre de mon mieux, puis j'irai à Moscou pour mes propres affaires et cet été nous nous verrons fréquemment.

— Pourquoi vous en allez-vous pour si longtemps? demandai-je tristement.

En effet j'espérais déjà le voir tous les jours et j'eus tout à coup une peur affreuse que l'ennui me reprendrait. Je pense que cette crainte perça dans mon regard et dans ma voix.

— Oui, travaillez beaucoup, ne vous laissez pas allez au spleen, dit-il d'une voix que je trouvai froide et indifférente. — Au printemps je vous ferai passer un examen, ajouta-t-il, en lâchant ma main et sans me regarder.

Nous le suivîmes à l'antichambre. Il passa sa pelisse à la hâte, et persista à détourner ses yeux de moi.

« Pourquoi se donne-t-il tant de peine pour avoir l'air de ne pas me regarder? me dis-je en moi-même. Est-ce qu'il se figure que j'y tiens tant que ça?... Il est un homme parfait... un excellent homme... mais c'est tout !... »

Cependant ce soir-là, Katia et moi nous restâmes longtemps à causer avant de nous endormir. Il ne fut pas question de lui mais de la manière dont nous passerions l'été et où nous serions l'hiver suivant.

La terrible question: A quoi bon? ne m'obsédait plus. Il me semblait qu'il allait de soi qu'il faut vivre pour être heureuse, et je ne voyais dans l'avenir que du bonheur, beaucoup de bonheur.

Notre vieille et sombre maison de Pokrovskœ me sembla tout à coup remplie de vie et de lumière.

II

Enfin le printemps revint. Mon ancien sentiment d'ennui fit place à une vague rêverie pleine d'espérances et de désirs confus.

Je ne végétais plus comme au commencement de l'hiver, je m'occupais de l'instruction de Sonia, je faisais de la musique, je lisais. Cependant, j'aimais aller seule au jardin, errer de longues heures dans les allées ou m'asseoir sur un banc, plongée dans je ne sais quelles pensées troublantes, le cœur rempli d'espoir et de rêverie.

Il m'arrivait souvent, de préférence pendant la pleine lune, de passer des nuits entières accoudée au rebord de ma fenêtre et de voir lever l'aurore. Quelquefois même je sortais en camisole de nuit, à l'insu de Katia, je me glissais dans le jardin et je courais dans la rosée jusqu'au bord de l'étang. Une fois je me suis aventurée toute seule en plein champ, au milieu de la nuit, et j'ai fait tout le tour de la propriété.

Il m'est difficile maintenant de me rappeler et de comprendre les rêves qui hantaient alors mon imagination. Lorsque je réussis à les évoquer, ils me semblent si étranges, si loin de la vie, que je me demande comment j'ai pu m'y complaire.

Vers la fin du mois de mai, Serguëi Mikhaïlovitch, fidèle à sa promesse, revint de voyage.

Sa première visite eut lieu vers le soir, au moment où nous nous y attendions le moins. Nous prenions le thé sur la terrasse.

Le jardin verdoyait et dans les bosquets d'arbustes en feuille, les rossignols avaient bâti leurs nids. Les buissons de lilas qui bourgeonnaient, offrant leurs grappes frisées et nuancées de blanc et de bleu-rosé, annonçaient le réveil des fleurs. Le feuillage des bouleaux devenait transparent dans la gloire du soleil couchant. La rosée du soir humectait le gazon.

Dans la cour, derrière le jardin, s'éteignaient les derniers bruits de l'activité du jour, avec le son des troupeaux rentrant à l'étable. Nikon le fou amenait le char à tonneau dans les allées du jardin devant la terrasse ; le jet froid jaillissant de l'arrosoir décrivait des cercles noirs autour de la terre amoncelée au pied des plantes de dahlias et des supports.

Au milieu de la terrasse, sur la nappe blanche, luisait et ronronnait le samovar fourbi avec soin ; à côté s'étalaient la crème, des craquelins et des gâteaux.

Katia, en bonne ménagère, lavait les tasses de ses mains potelées. Mise en appétit par le bain, je dévorais une tranche de pain et une assiettée de crème épaisse, sans attendre que le thé fût servi. J'étais vêtue d'une blouse en toile à manches ouvertes, mes cheveux humides étaient enveloppés d'un mouchoir.

Katia, la première, aperçut Serguei Mikaïlovitch derrière la fenêtre du salon.

— Ah! lui cria-t-elle, justement nous parlions de vous!

Je me levai aussitôt dans l'intention d'aller passer une robe, mais il me surprit au moment où je franchissais le seuil de la porte.

— Pourquoi faire des cérémonies à la campagne? dit-il, en regardant ma tête coiffée du mouchoir, et il sourit. — Vous ne vous gênez pas de Grégori. Eh bien! supposez que je sois Grégori?

Mais au même instant je sentis qu'il me regardait d'une certaine manière et que Grégori ne pouvait pas me regarder ainsi.

— Je serai là tout de suite, répondis-je, et je m'esquivai.

— Mais pourquoi? cria-t-il de nouveau... Vous ressemblez à une belle paysanne nouvellement mariée.

« Que son regard était drôle ! » pensais-je tout en mettant ma robe à la hâte... C'est égal, je suis contente qu'il soit de retour... ce sera plus gai maintenant.

Après avoir jeté un regard dans mon miroir je descendis gaiement de ma chambre ; sans dissimuler mon empressement à le rejoindre, je revins sur la terrasse toute rouge d'avoir couru.

Il était à table en train d'exposer à Katia l'état de nos affaires. En m'apercevant il sourit sans interrompre la conversation.

Je compris bien vite que tout allait bien, notre situation était brillante. Nous n'avions qu'à passer l'été à la campagne, nous étions libres en hiver d'aller où bon nous semblerait, à Saint-Pétersbourg ou à l'étranger, pour compléter l'éducation de Sonia.

— Et si vous veniez avec nous à l'étranger ? proposa tout à coup Katia... sans vous nous y serions perdues comme dans une forêt.

— Mais je ne demanderais pas mieux que

de faire le tour du monde avec vous? dit-il d'un ton demi-badin, demi-sérieux.

— Et pourquoi pas ? demandai-je. C'est cela, faisons le tour du monde!

Il sourit et secoua la tête.

— Et ma mère? et les affaires? dit-il... allons, laissons cela, racontez-moi plutôt ce que vous avez fait en mon absence? Avez-vous souffert tout le temps du spleen ?

Lorsque je lui eus répondu que j'avais beaucoup travaillé et que je ne m'étais nullement ennuyée, après que Katia eut confirmé mes paroles, il me dit quelques mots de louanges et me caressa du regard, comme une enfant et comme s'il avait le droit d'agir ainsi.

Je sentis le besoin de lui raconter en détail et avec sincérité tout ce que je faisais de bien, et de lui avouer, comme si j'étais à la confession, tout ce qui me semblait pouvoir le mécontenter.

La soirée était fort belle; nous restâmes

sur la terrasse après qu'on eut emporté le thé. J'étais si profondément absorbée dans notre entretien, que je ne remarquai même pas qu'autour de nous tout s'était apaisé. Le parfum des fleurs, de plus en plus pénétrant, montait à nous de tous côtés. Une rosée abondante couvrait l'herbe; le rossignol, dans le buisson de lilas, se mit à faire ses trilles, mais le son de nos voix l'effaroucha et il se tut. Le ciel étoilé semblait descendre sur nous pour nous envelopper.

Je ne m'aperçus de l'obscurité croissante que lorsqu'une chauve-souris pénétra sans bruit sous la tente de la terrasse et se mit à battre des ailes autour de mon châle blanc. Je me serrai contre le mur et j'allais crier, quand l'oiseau nocturne sortit silencieusement de dessous la tente et s'évanouit dans l'ombre du jardin.

— Que j'aime votre campagne! s'écria Sergueï Mikhaïlovitch en interrompant la conversation. — J'aimerais passer toute ma vie assis comme cela sur cette terrasse.

— Eh bien ! qui vous empêche d'y rester toujours assis ?

— Oui, toujours assis, répéta-t-il, mais, la vie, elle, n'est pas assise !

— Pourquoi ne vous mariez-vous pas ? reprit Katia, vous feriez un excellent mari.

— Parce que j'aime être toujours assis ! répondit-il en éclatant de rire ! — Non, Catherine Carlovna, non, vous et moi nous en avons fini avec le mariage... Tout le monde a déjà cessé de me considérer comme un homme mariable, et moi, j'ai cessé longtemps avant les autres, et depuis lors tout va pour le mieux...

Il me sembla qu'il prononçait ces paroles avec un enjouement forcé.

— A quoi pensez-vous ? s'écria Katia, à trente-six ans être déjà revenu de tout ?

— De tout... et encore comment !... Je ne désire plus qu'une chose, continua-t-il, le repos ! Et le mariage est précisément le contraire... Demandez à cette jeune personne,

reprit-il en me désignant d'un signe de tête...
voilà quelqu'un à marier... Quant à nous,
nous nous réjouirons de son bonheur.

Je crus voir de l'effort et un regret caché
dans l'accent de sa voix. Il se tut un instant,
et Katia et moi nous respectâmes son silence.

— Eh bien! dit-il enfin en se retournant
sur sa chaise, imaginez-vous que, par un
hasard malencontreux, j'épouse une jeune
fille de dix-sept ans... Supposons que ce soit
Marie Alexandrovna... Oui, l'exemple est
parfait et je suis très content de l'avoir choisi...
Oh! oui, je ne pouvais en trouver un meilleur!...

Je me mis à rire, car je ne comprenais pas
pourquoi il était si content et en quoi cet
exemple lui semblait plus démonstratif qu'un
autre.

— Eh bien! dites-moi en toute sincérité,
ajouta-t-il sur le ton de la plaisanterie : ne
serait-ce pas un malheur pour vous que d'u-
nir votre vie à celle d'un vieux, qui, comme

moi, aurait déjà vécu son temps et n'aspirerait plus qu'au repos, tandis que Dieu sait tout ce qui bouillonne en vous et à quoi vous rêvez ?...

Je me sentis mal à l'aise et je gardai le silence ne sachant que répondre.

— Je ne vous fais pas une demande en mariage, reprit-il en riant — mais, répondez-moi en toute franchise, est-ce d'un mari comme moi que vous rêvez quand vous vous promenez seule dans l'avenue? Ne serait-ce pas un malheur pour vous que de m'épouser ?

— Non, pas un malheur, mais...

— Mais pas un bonheur non plus, dit-il pour achever ma pensée.

— Non, mais je peux me tromper...

Il m'interrompit de nouveau.

— Eh bien ! vous voyez, continua-t-il en s'adressant cette fois à Katia, — elle a raison, en tout cas, je lui sais gré de sa franchise et je suis très heureux que nous ayons eu cette conversation !... Enfin, ajouta-t-il, ce n'est pas tout, ce mariage serait pour moi le plus grand malheur que je puisse imaginer.

— Que vous êtes singulier! dit Katia, on voit bien que vous n'avez pas changé!

Elle se leva et quitta la terrasse pour donner l'ordre de servir le souper.

Après le départ de Katia nous restâmes l'un et l'autre silencieux, tout était calme autour de nous. Seul le rossignol chantait, non plus timidement comme au début de la soirée et en s'interrompant, mais posément, sans se presser; il remplissait tout le jardin de ses fusées de notes, tandis que du fond du ravin, un autre rossignol, pour la première fois de la soirée, lui envoyait une réplique. Le rossignol du jardin se tut un instant, comme pour écouter son voisin, puis il reprit son chant avec plus de force et de vivacité, se répandant en trilles sonores et en roulades. Les deux oiseaux s'entre-répondaient et leurs voix s'étendaient majestueusement dans ce monde nocturne, plein de mystères pour nous, et qui est leur royaume.

Le jardinier passa pour se rendre à la serre où il couchait, le bruit de ses bottes résonna dans l'avenue. Deux coups de sifflet aigus partirent de la colline, puis tout rentra dans le silence. Le feuillage frémit imperceptiblement, un souffle agita la tente et un parfum subtil se répandit tout autour de nous sur la terrasse.

Ce silence me contrariait après les paroles qui venaient d'être prononcées, cependant je ne trouvais rien à dire. Je regardai Serguei Mikhaïlovitch, ses yeux brillaient dans la demi-obscurité, il les leva sur moi et dit doucement :

— Oh ! qu'il est bon de vivre !

Je poussai un soupir involontaire.

— Qu'avez-vous dit ? demanda-t-il.

— Oui, il est bon de vivre ! répétai-je.

Le silence recommença et de nouveau je me sentis mal à l'aise. Je ne pouvais m'empêcher de penser que je lui avais fait de la peine en me rangeant à son opinion, quand il avait déclaré qu'il était trop vieux pour être mon mari. J'aurais voulu pouvoir le consoler, mais je ne savais comment m'y prendre.

— Il faut pourtant que je songe à rentrer, dit-il enfin, en se levant, — ma mère m'attend pour le souper... C'est à peine si je l'ai vue aujourd'hui.

— Et moi qui voulais vous jouer ma nouvelle sonate! m'écriai-je.

— Vous me la jouerez la prochaine fois.

Il me sembla qu'il prononçait ces mots très froidement.

— Au revoir, ajouta-t-il.

Je sentis encore plus vivement que je l'avais blessé, et j'eus pitié de lui. Katia le reconduisit avec moi jusqu'au perron, puis nous restâmes dans la cour pour le suivre des yeux sur la route.

Quand le bruit des sabots de son cheval se fut éteint, je retournai sur la terrasse en faisant le tour de la maison. Et de nouveau je me mis à contempler le jardin d'où montait la brume du soir et que remplissaient toutes les voix de la nuit, et je me pris à rêver selon mon cœur.

Serguei Mikhaïlovitch revint une seconde, puis une troisième fois. L'impression pénible qu'avait laissée la conversation précédente s'effaça complètement pour ne plus reparaître.

Pendant tout l'été, Serguei Mikhaïlovitch vint régulièrement deux ou trois fois par semaine, et j'en pris si bien l'habitude que lorsqu'il espaçait quelque peu ses visites je trouvais ma solitude très amère, et je m'en prenais à lui, l'accusant de me négliger. Il me traitait comme un jeune camarade aimé et m'interrogeait, m'invitait à lui ouvrir mon cœur, me donnait des conseils, m'encourageait, parfois aussi il me grondait et cherchait à contenir mes élans. Mais, malgré tous ses efforts pour me traiter en égale, je devinais qu'il y avait en lui beaucoup plus que ce que je voyais, qu'il y avait en lui tout un monde qui me restait fermé, où il ne jugeait pas nécessaire de me laisser pénétrer, et c'était précisément ce qui m'attirait le plus vers lui et ce qui entretenait le respect que je lui portais.

J'appris indirectement par Katia et par nos voisins de campagne, qu'en dehors des soins que Serguéï Mikhaïlovitch donnait à sa mère, de l'administration de ses biens et de la gérance de nos affaires, il prenait part aux assemblées de la noblesse qui lui suscitaient beaucoup d'ennuis. Cependant je n'ai jamais pu l'amener à m'exposer ses idées, ses plans ou à m'entretenir de ses espérances.

Lorsque je ramenais la conversation sur ce sujet, il faisait une moue toute particulière qui semblait dire :

— Quel intérêt cela peut-il avoir pour vous? et il parlait d'autre chose.

Cette réserve m'offusqua d'abord, puis je

m'habituai si bien à ne l'entretenir que des choses qui me concernaient, que cela finit par me paraître tout naturel.

Une autre particularité qui me déplut au commencement et me fit plaisir dans la suite, fut l'indifférence absolue et presque le dédain qu'il professait pour mes qualités physiques. Jamais, ni du regard, ni de la parole, il ne me faisait entendre qu'il me trouvait jolie; au contraire, lorsque d'autres personnes m'adressaient des compliments en sa présence, il se mettait à rire en faisant sa moue habituelle.

Il se plaisait même à me découvrir des défauts et à me taquiner là-dessus.

Les robes à la mode, dont Katia aimait à me parer les jours de fête et quand nous attendions des visites, avaient le don d'exciter ses sarcasmes, ce qui désolait cette bonne Katia et me déroutait complètement.

Elle avait décidé dans son esprit que Serguei Mikhaïlovitch me trouvait de son goût, et elle ne pouvait comprendre qu'il n'aimât pas à voir la femme préférée se présenter dans le monde sous l'aspect le plus avantageux. Quant à moi, j'avais tout de suite saisi la pensée de notre ami, il tenait à me croire exempte de coquetterie.

Aussitôt que j'eus saisi son désir, je ne laissai plus percer ombre de coquetterie dans ma toilette des grands jours ni dans ma coiffure; mais, en revanche, je versai dans l'affectation de la simplicité à un âge où l'on ne sait pas encore être simple.

Je savais aussi qu'il m'aimait; je ne me demandais pas s'il m'aimait comme une femme on comme une enfant, mais je tenais à son amour, et surtout j'avais à cœur qu'il me considérât comme la jeune fille du monde la plus parfaite. Je ne pouvais m'empêcher de souhaiter qu'il conservât cette opinion de moi, bien qu'elle fût peut-être erronée.

Il me semblait qu'il avait su du premier coup d'œil apprécier mes cheveux, mes mains, ma figure, mes manières, mes qualités extéricures, en un mot, telles qu'elles étaient, qu'il les connaissait à fond, et que je n'y pourrais rien changer sans chercher à l'induire en erreur.

Mais il ne connaissait point mon âme, parce qu'il l'aimait d'abord, ensuite parce qu'elle se formait et se développait. Là, je pouvais lui faire illusion, je le fis.

Du moment que j'eus compris tout cela, je me sentis merveilleusement à l'aise avec lui.

Plus de trouble sans raison, plus de gêne dans mes mouvements. Je sentais qu'il pouvait me contempler de profil ou de face, assise ou debout, les cheveux relevés ou défaits; il me connaissait déjà, et, à ce qu'il me semblait, il était toujours content de moi.

Je crois que si, contrairement à son habitude, il m'avait dit, comme les autres, que j'étais jolie, je n'aurais éprouvé aucun plaisir.

Par contre, lorsqu'il m'arrivait de faire une réflexion qui lui plaisait, quelle joie éclairait toute mon âme, que j'étais heureuse! Alors, il attachait sur moi son regard, et, d'une voix émue à laquelle il s'efforçait de donner un ton badin, il disait :

— Oui, oui, *il y a quelque chose en vous.* Je dois le reconnaître, vous êtes une excellente fille !

Qu'est-ce qui me valait cette récompense qui remplissait mon cœur d'orgueil et de satisfaction ?

Bien peu de chose : c'était d'avoir exprimé ma sympathie pour l'amour que notre vieux Grégori porte à sa petite-fille, ou encore de m'être écriée que telle poésie ou tel roman me touchaient presqu'aux larmes, ou enfin tout simplement parce que je préférais Mozart à Schulhoff.

Je m'étonnais moi-même du flair merveilleux avec lequel je devinais tout ce que je devais aimer pour lui plaire, quand en réalité je ne savais nullement discerner le bien du mal.

La plupart de mes habitudes et de mes anciens goûts n'étaient point conformes aux siens, mais il suffisait d'un froncement de ses sourcils, d'un regard désapprobateur, ou qu'il fît sa moue dédaigneuse, pour qu'aussitôt ce que j'aimais auparavant perdît tout son charme pour moi.

Quand il m'interrogeait, il me regardait dans les yeux, et son regard m'inspirait la pensée qu'il souhaitait de me voir exprimer.

Mes pensées et mes sentiments avaient fait place à ses pensées et à ses sentiments, qui étaient devenus miens, qui avaient tout d'un coup transformé ma vie et qui l'éclairaient tout entière.

Insensiblement, j'en étais venue à considérer toutes choses avec d'autres yeux : Katia, Sonia, nos gens, moi-même et mes occupations.

Autrefois, je lisais pour tuer le temps, maintenant les livres faisaient mes délices, parce que c'était lui qui me les apportait, qui les lisait avec moi et qui m'en parlait.

Auparavant, les heures que je consacrais à l'instruction de ma petite sœur me semblaient très longues, c'était un devoir que j'accomplissais péniblement. Il suffit à Serguéï Mikhaïlovitch d'assister une fois à ma leçon pour qu'à dater de ce jour, ce fût un bonheur pour moi de suivre les progrès de mon élève.

Tandis que dans le temps, il me semblait impossible de jouer de mémoire tout un morceau de musique, maintenant l'idée qu'il m'écouterait et m'adresserait peut-être des louanges, me donnait le courage de répéter le même passage jusqu'à quarante fois ; la pauvre Katia se bouchait les oreilles avec du coton, mais moi je ne me lassais point. Je phrasais mes sonates tout autrement et elles devenaient beaucoup plus expressives.

Il n'y avait pas jusqu'à Katia, que je connaissais et que j'aimais comme moi-même, qui ne m'apparût sous un nouvel aspect. Ce n'est qu'alors que j'ai compris que rien ne l'obligeait à être pour nous ce qu'elle était, une amie, une mère et une esclave à la fois. Je devinai l'étendue du sacrifice que nous faisait cet être aimant, l'amour qu'elle nous portait, je sentis tout ce que je lui devais et je l'aimai doublement.

Sous l'influence de Serguel Mikhaïlovitch, j'appris à considérer tout autrement nos gens, les moujiks, les valets et les servantes.

C'est plaisant à dire, mais je dois avouer que j'étais parvenue à ma dix-septième année, après avoir passé ma vie au milieu de tout ce monde, et pourtant ces gens m'étaient moins connus que des personnes que je n'aurais jamais vues. Il ne m'était jamais venu à l'idée qu'ils pouvaient aimer, espérer et souffrir comme moi.

Notre jardin, nos ombrages, nos champs, avaient pris tout à coup un charme tout nouveau pour moi. Serguel Mikhaïlovitch ne m'avait pas dit en vain qu'il n'y a dans la vie qu'une manière certaine d'être heureux : — Vivre pour les autres.

Ces paroles me semblaient étranges, je ne les comprenais pas, cependant, elles pénétraient dans mon cœur, bien que ma pensée n'en eût pas saisi la signification.

Sans avoir rien changé à ma manière d'être, Serguei Mikhaïlovitch avait ouvert devant moi toute une vie de bonheur; il lui avait suffi pour cela d'entrer dans mon existence. Toutes les choses auxquelles je m'étais accoutumée depuis mon enfance me laissaient indifférente. Il vint, et toute chose prit un langage pour parler à mon âme et la remplir de bonheur.

Souvent, pendant cet été, il m'arriva de monter dans ma chambre, de m'étendre sur mon lit, et au lieu de l'ennui plein de désirs et d'espérances vagues qui m'accablait autrefois, je sentais le trouble du bonheur me pénétrer doucement.

Je ne pouvais pas m'endormir, alors je me levais et j'allais m'asseoir sur le bord du lit de Katia pour lui dire que je me sentais parfaitement heureuse.

D'ailleurs, elle n'avait pas besoin de mes confidences pour deviner mon bonheur. Elle se contentait de m'assurer qu'elle aussi était parfaitement heureuse ; puis elle m'embrassait. Je me laissais facilement persuader parce que j'avais besoin de croire tout le monde heureux autour de moi.

Mais Katia n'oubliait pas qu'il était temps de dormir ; elle faisait semblant de me gronder, me chassait de son lit et s'endormait. Moi, je continuais à penser à tout ce qui me rendait heureuse. Parfois je m'élançais hors de mon lit et je priais encore une fois, parlant d'abondance, pour rendre grâce à Dieu du bonheur qu'il m'avait donné.

Un soir, un silence profond régnait dans la chambre, on n'entendait que la respiration de Katia endormie et le bruit de sa montre posée près d'elle. Je me retournais dans mon lit, je balbutiais des prières en baisant la croix que j'avais au cou. Les portes étaient fermées ainsi que les volets, un moucheron ou un cousin bourdonnait en voltigeant. Et moi, j'éprouvai le désir de ne jamais sortir de cette chambre, j'aurais voulu empêcher le matin de se lever, et rester éternellement ainsi et que rien ne vienne jamais dissiper mon extase.

Il me semblait que mes rêves, mes pensées, mes prières revêtaient une forme animée, ils vivaient avec moi dans l'obscurité, ils voltigeaient autour de mon lit et se penchaient sur moi.

Et chacune de mes pensées était *sa* pensée, chacun de mes sentiments *son* sentiment.

Mais je ne savais pas que tout cela c'est l'amour; je pensais qu'un sentiment qui naissait si facilement devait durer encore et toujours, sans fin !

III

Un jour, pendant la moisson, je vins, après le dîner, m'asseoir avec Katia et Sonia sur notre banc favori, au jardin, à l'ombre des tilleuls qui dominent le ravin au-delà duquel la vue s'étend sur les champs et sur la forêt.

Nous n'avions pas vu Sergueï Mikhaïlovitch depuis trois jours, et nous comptions sur sa visite, parce que le sous-intendant nous avait dit qu'il viendrait pour examiner les travaux.

En effet, vers deux heures, je le vis de loin entrer à cheval dans un champ de seigle. Katia donna l'ordre de servir des pêches et des cerises — un régal pour lui — puis elle me regarda en souriant, s'allongea sur le banc et s'assoupit.

J'arrachai, du tilleul, une branche recourbée, dont les feuilles et l'écorce étaient couvertes de suc qui me coulait dans la main, et je me mis à l'agiter comme un éventail au-dessus de la dormeuse. En même temps, je tenais un livre et lisais tout en levant sans cesse les yeux du côté des champs, sur le chemin par lequel Serguei Mikhaïlovitch devait passer pour nous rejoindre. Sonia, assise au pied d'un vieux tilleul, bâtissait un pavillon pour sa poupée.

La journée était chaude, sans un souffle de vent, et l'atmosphère surchauffée. Des nuages s'étaient formés et s'amoncelaient en une masse noire ; un orage se préparait depuis le matin.

Je me sentais surexcitée, comme toujours avant l'orage.

Cependant, vers le soir, les nuages se dissipèrent en tous sens et le soleil rayonna dans un ciel pur.

Pourtant le tonnerre grondait au loin et l'on voyait, de temps en temps, à travers un lourd nuage qui se confondait à l'horizon avec la poussière des champs, se dessiner les pâles zigzags d'un éclair.

Il était évident que ce jour-là nous n'aurions pas d'orage.

Sur la route qu'on découvrait par place, au delà du jardin, se traînaient, sans interruption et en grinçant, des chars élevés couverts de gerbes entassées; ils croisaient sans cesse d'autres chars à ridelles qui revenaient à vide, avec un grand fracas, ramenant les moissonneurs dont les jambes tressautaient et dont les blouses flottaient au vent.

J'apercevais à travers le feuillage la poussière épaisse qui ne s'envolait pas en tourbillons, et sans retomber sur le chemin, restait immobile en l'air, derrière la clôture du jardin.

Dans l'enclos on entendait les mêmes voix, les mêmes grincements de roues, on voyait toujours passer les mêmes gerbes dorées qui défilaient lentement, puis volaient en l'air, et sous mes yeux les meules coniques grandissaient, comme des maisons au toit pointu, et les silhouettes des moujiks qui couraient dessus semblaient de petites fourmis.

Plus loin, sur le champ poussiéreux, se mouvaient également des chars, on voyait encore des gerbes d'or, et le même bruit de roues, de voix et de chants se mêlait dans un murmure confus.

D'un côté le champ moissonné se découvrait de plus en plus et laissait voir la lisière couverte d'absinthes. Un peu plus à droite, au milieu des javelles éparses et en désordre, on distinguait les jupes bariolées des femmes qui nouaient les gerbes. Elles se courbaient, leurs bras s'agitaient et se croisaient et bientôt de belles gerbes s'alignaient, et l'ordre régnait sur-le-champ. Ce spectacle qui annonçait la fin des moissons m'attrista, il me sembla tout à coup que l'été avait fait place à l'automne.

Pourtant la poussière et la chaleur régnaient partout excepté dans notre coin abrité du jardin. De tous côtés, sous cette atmosphère lourde et surchauffée par un soleil brûlant, les moissonneurs allaient et venaient en foule, parlaient et se démenaient bruyamment.

Pendant ce temps Katia, étendue à l'ombre sur notre banc, ronflait doucement sous le mouchoir de batiste blanche; les cerises succulentes luisaient savoureusement dans la corbeille; jamais nos robes n'avaient paru plus fraîches et proprettes, jamais l'eau de la cruche n'avait réflété plus gaiement des arcs-en-ciel dans les facettes de cristal, jamais je n'avais ressenti un tel sentiment de bien-être.

« Après tout, pensai-je, est-ce ma faute si je suis si heureuse?..... Mais avec qui partager ma félicité? Comment et à qui puis-je me donner moi-même, et avec moi tout mon bonheur ?

Le soleil avait disparu derrière les cimes des bouleaux de l'avenue; la poussière retombait sur le champ, l'horizon se dessinait plus net et plus clair dans la lumière oblique du couchant, les nuages s'étaient évanouis; on distinguait à travers les arbres, dans l'enclos, trois nouveaux toits de meules que les moujiks venaient de quitter; les chars partaient au galop et les moissonneurs poussaient des cris de joie, évidemment cette course devait être la dernière de la journée.

Les femmes, portant leurs rateaux sur l'épaule et des liens de gerbes noués à la ceinture, regagnaient le logis en chantant à pleins poumons, mais Serguei Mikhaïlovitch ne revenait pas; cependant il y avait déjà longtemps que je l'avais vu descendre la colline.

Tout à coup je l'aperçus dans l'avenue du côté où je l'attendais le moins; il avait fait le tour du ravin.

Il s'avançait vers moi à pas pressés, le visage joyeux et rayonnant, son chapeau à la main. Mais s'étant aperçu que Katia dormait, il se mordit les lèvres, ferma les yeux et se mit à marcher sur la pointe des pieds.

Je reconnus aussitôt qu'il se trouvait dans cet état de gaieté, sans raison d'être, où j'aimais passionnément le voir, et que nous appelions « sa joie sauvage ». Il était, dans ces moments-là, comme un écolier en rupture de ban, toute sa personne, de sa tête à la pointe des pieds, respirait le contentement, le bonheur et pétillait d'espièglerie juvénile.

— Bonjour, bonjour, jeune violette, comment allez-vous ? Bien ? me dit-il à voix basse et en me serrant la main.

Je m'informai de sa santé, il répondit :

— Je me porte parfaitement bien ; j'ai treize ans, pas un jour de plus, et une envie folle de jouer au cheval et de grimper sur les arbres.

— Vous êtes dans votre « joie sauvage », lui dis-je en regardant ses yeux souriants, et je sentais que cette *joie sauvage* m'envahissait aussi.

— Oui, répondit-il en clignant des yeux et en retenant un éclat de rire. — Mais pourquoi donnez-vous à Katia des coups sur le nez?

Dans mon plaisir de le voir, je n'avais pas remarqué, que tout en continuant d'éventer Katia, j'avais enlevé le mouchoir qui recouvrait son visage et que je la chatouillais avec les feuilles de la branche.

Je me mis à rire.

— Vous verrez, elle va déclarer qu'elle n'a pas dormi, lui dis-je à voix basse, comme si je craignais de réveiller Katia, mais en réalité parce que j'avais un plaisir inexprimable à parler si bas à Serguei Mikhaïlovitch.

Pour toute réponse il remua les lèvres en me singeant, comme s'il ne pouvait m'entendre, parce que je baissais trop la voix.

Puis, ayant découvert la corbeille de cerises il s'en empara en faisant mine de la dérober, courut vers Sonia sous le tilleul et s'assit sur ses poupées. Ma petite sœur se fâcha pour commencer, mais il eut bien vite fait la paix avec elle en lui demandant lequel des deux mangerait le plus de cerises dans le même espace de temps.

— Voulez-vous que j'en fasse apporter de nouvelles? ou plutôt si nous allions les cueillir nous-mêmes? proposai-je.

Il prit la corbeille, mit les poupées dedans et courut vers le jardin fruitier; Sonia le poursuivait en riant, le tirait par les pans de son habit pour qu'il lui rendît ses poupées.

Il les lui remit d'un air sérieux, et se tournant vers moi, me dit à demi-voix, bien qu'il n'eût plus à ménager le sommeil de Katia:

— Eh bien! n'ai-je pas raison de vous appeler une violette? Après toute la poussière, toute la chaleur de cette journée de travail, je n'ai qu'à m'approcher de vous pour respirer le parfum de cette douce fleur....

Et savez-vous, ce n'est pas celui de la violette embaumée mais de cette violette d'un bleu sombre qui sent la neige fondue et l'herbe printanière.

— Est-ce que les travaux des champs marchent bien? demandai-je pour dissimuler le trouble joyeux que ces paroles avaient excité en moi.

— Très bien ! Le peuple se montre partout excellent ! Plus on le connaît, plus on l'aime.

— C'est vrai, répondis-je. Aujourd'hui, avant votre arrivée, j'étais assise dans le jardin, et en les regardant travailler, j'ai eu honte de les voir peiner de la sorte, tandis que moi je restais au frais et les bras croisés, et...

— Mon amie, dit-il en m'interrompant d'un ton grave, mais avec un regard caressant qui plongea dans mes yeux, ne faites pas la coquette de cette manière, le travail du peuple est chose sacrée... que Dieu vous garde de faire parade de sentiments semblables.

— Mais je ne dis ces choses-là qu'à vous...

— Je le sais, je le sais... Mais, nos cerises?...

L'enclos des arbres fruitiers était fermé et tous les jardiniers absents, Serguei Mikhaïlovitch les ayant requis pour la moisson. Sonia courut prendre la clé, mais, sans attendre son retour, notre ami se hissa au haut du mur, souleva le treillis qui protégeait les arbres et sauta dans l'enclos.

— Voulez-vous des cerises? me cria-t-il d'en bas... tendez-moi la corbeille...

— Non, je veux les cueillir moi-même, je vais chercher cette clé... Sonia ne revient pas...

A ce moment je fus saisie d'un désir fou de voir ce qu'il faisait, comment il se tenait et de quoi il avait l'air lorsqu'il s'imaginait que personne ne pouvait le voir. Pour rien au monde, à cette heure, je n'aurais voulu le perdre de vue un seul instant.

Je me glissai sur la pointe des pieds au milieu des orties et je fis ainsi le tour de l'enclos jusqu'à ce que j'eusse trouvé un endroit où la clôture s'abaissait ; quand je me fus hissée sur un tonneau vide qui se trouvait là, le mur ne me venait plus qu'à la ceinture et en me penchant je pus regarder dans l'intérieur du jardin. Je commençai par admirer le spectacle qu'offraient tous ces vieux arbres, aux feuilles larges et dentelées, dont les branches ployaient sous les lourds mouchets noirs de cerises savoureuses, puis avançant ma tête sous le treillis, j'aperçus derrière le tronc tordu d'un vieux cerisier celui que je cherchais.

Il croyait sans doute que j'étais partie et qu'il était à l'abri de tout regard. Il était assis sur les racines de l'arbre, la tête nue et les yeux fermés, il roulait avec beaucoup de soin entre ses mains une petite boule de cerisier. Tout à coup, il haussa les épaules, ouvrit les yeux, balbutia quelque chose et sourit.

Ce sourire et ce murmure ressemblaient si peu à tout ce que je connaissais de lui, que j'eus honte de l'avoir épié.

Il me sembla pourtant qu'il avait dit : « Macha !... » Non, ce n'est pas possible ! me dis-je.

— Chère Macha, répéta-t-il plus doucement avec un accent encore plus tendre.

Cette fois j'avais distinctement entendu.

Mon cœur se mit à battre avec tant de force, et une joie troublante, comme un bonheur défendu, remplit tout mon être si violemment, que je dus m'appuyer au mur des deux mains pour ne point tomber et ne pas me trahir.

Ce mouvement révéla ma présence, il regarda autour de lui d'un air effaré, baissa les yeux, rougit, et devint cramoisi comme un enfant. Il voulait me dire quelque chose mais sans y parvenir, et son visage s'enflammait de plus en plus.

Cependant, il sourit en me regardant, je lui

répondis aussi par un sourire et tout son visage s'illumina de joie. Ce n'était pas le vieil oncle qui me caressait et me guidait paternellement, c'était mon égal, qui m'aimait et me craignait, comme je l'aimais et le craignais lui-même.

Sans échanger une parole nous nous regardions, quand soudain son front se renfrogna, le sourire s'effaça de ses lèvres et l'éclat de ses yeux s'éteignit, puis reprenant aussitôt son ton protecteur il dit froidement, comme pour me mettre sur mes gardes et m'avertir qu'il se passait entre nous quelque chose de mauvais :

— Mais descendez donc, vous pouvez vous faire mal.

Il avait l'air de reprendre subitement possession de lui-même et de vouloir m'inviter à revenir à moi. Il ajouta :

— Arrangez donc vos cheveux, de quoi avez-vous l'air !

« Pourquoi cette comédie ? » pensai-je en

moi-même, « pourquoi tient-il à me faire de la peine? » Et sur le moment je fus prise d'un désir irrésistible de l'éprouver encore une fois et d'essayer mon empire sur lui.

— Non, répondis-je, je veux cueillir les cerises moi-même, et m'accrochant des deux mains à l'arbre le plus proche je m'élançai sur le rebord du mur; à peine Serguei Mikhaïlovitch eut-il le temps de venir me tendre la main pour me soutenir que déjà j'avais sauté dans le jardin.

— Que de sottises vous faites! s'écria-t-il, en rougissant de nouveau; il s'efforça en même temps de dissimuler son trouble sous un air de mécontentement : — Vous auriez pu vous blesser, continua-t-il, et comment allez-vous faire pour sortir d'ici ?

Il était encore plus confus qu'auparavant, mais cette fois-ci son émotion, au lieu de me faire plaisir, m'effaroucha.

Je me sentis troublée à mon tour, je rougis, et pour l'éviter et ne sachant que dire, je me mis à cueillir des cerises sans savoir où les mettre. Je me faisais des reproches, je me repentais, j'avais peur, il me semblait que cette espièglerie m'avait perdue irrémédiablement aux yeux de Sergueï Mikhaïlovitch.

Nous nous taisions tous les deux et nous étions aussi mal à l'aise l'un que l'autre.

Enfin Sonia arriva munie de la clé et nous tira de cette situation embarrassante.

Mais pendant un long moment nous ne parlâmes qu'à ma petite sœur sans oser nous regarder.

Peu après nous retournâmes vers Katia. Elle nous affirma qu'elle n'avait point dormi et qu'elle avait tout entendu. Je me calmai un peu et Sergueï Mikhaïlovitch s'efforça de reprendre son ton paternel et protecteur, mais il ne lui réussit pas, car il ne m'en imposait plus.

Une conversation que nous avions eue quelques jours auparavant me revint à la mémoire avec une vivacité extraordinaire.

Katia avait soutenu qu'il est plus facile pour un homme d'aimer et d'exprimer son amour que pour une femme.

— Un homme, dit-elle, peut toujours avouer son amour, une femme n'en a pas le courage.

— Il me semble, à moi, répliqua Sergueï Milkhaïlovitch qu'un homme ne doit pas et ne peut pas l'avouer non plus.

— Pourquoi pas ? demandai-je.

— Parce que son aveu sera toujours un mensonge... Il aime.. quelle découverte! On dirait à l'entendre qu'au moment où il fait cette révélation quelque chose éclate en lui, Peuh!... Il ai...me!... Il semble que lorsqu'un homme dit à une femme : « je t'aime » il doit se passer quelque chose d'extraordinaire, comme une apparition... comme si l'on tirait du canon ! Il me semble, ajouta-t-il, que les hommes qui prennent au sérieux ces paroles sacramentelles : « Je vous aime » se trompent eux-mêmes ou trompent les autres, ce qui est plus grave.

— Mais comment une femme peut-elle savoir qu'on l'aime, si on ne le lui dit pas? demanda Katia.

— Je n'en sais rien! répondit-il. Chaque homme a sa manière d'exprimer son amour. Quand on aime, ce sentiment se manifeste toujours.. Lorsque je lis des romans, je ne peux m'empêcher de me représenter la mine déconfite du héros au moment où il s'écrie : « Je t'aime, Éléonore! » et où il s'attend à de grandes choses, tandis qu'il ne se passe rien de nouveau ni en lui, ni en son héroïne ; ils ont toujours le même visage, le même nez et les mêmes yeux !

Je compris immédiatement que ce badinage contenait des allusions sérieuses qui m'étaient destinées, mais quand il s'agissait des héros de romans, Katia n'entendait pas plaisanterie.

— Toujours des paradoxes, s'écria-t-elle, maintenant dites-le-moi franchement, n'avez-vous jamais dit à une femme que vous l'aimez ?

— De ma vie je n'ai rien dit de semblable, et je ne me suis jamais mis à genoux devant une femme, répondit-il en riant.

— Et je ne le ferai jamais ! ajouta-t-il.

En me rappelant ces paroles, je me dis :

« Il n'a pas besoin de me dire qu'il m'aime. Je le sais sans qu'il me le dise. Et tous ses efforts pour paraître indifférent ne me donneront pas le change. »

— Jouez-moi quelque chose, dit-il en entrant derrière moi dans la salle à manger, il y a longtemps que je ne vous ai pas entendue.

— C'est ce que je me disais, répondis-je.

Puis, brusquement, en plongeant mes yeux droit dans les siens, je lui dis :

— Serguei Mikhaïlovitch, vous n'êtes pas fâché contre moi ?

— Pourquoi ? demanda-t-il.

— Parce que je ne vous ai pas écouté après le dîner, dis-je en rougissant.

Il comprit, secoua la tête et sourit. Son

regard disait que nous avions mérité d'être grondés mais qu'il n'en avait pas la force.

— Il n'y a plus rien entre nous ? Nous sommes de nouveau bons amis ? lui demandai-je en prenant place au piano.

— Je crois bien ! dit-il.

Pendant toute la soirée il parla peu avec moi, mais l'amour perçait dans tous ses mouvements, dans tous ses regards, jusque dans les paroles qu'il adressait à Katia et à ma petite sœur. Je ne doutais plus de son amour. Mais je plaignais Sergueï Mikhaïlovitch et je lui en voulais de ce qu'il jugeait nécessaire de dissimuler ses sentiments et d'affecter la froideur à mon egard, quand je voyais si clairement ce qui en était et qu'il nous eût été si simple et si facile d'être parfaitement heureux.

Mais tout le temps le souvenir de mon espièglerie me tourmentait comme un crime. Il me semblait qu'il avait cessé de me respecter depuis que j'avais franchi le mur du jardin, et qu'il était fâché contre moi.

Après le thé je m'approchai du piano. Il me suivit.

Il n'y avait pour éclairer cette vaste salle au plafond élevé, que deux bougies allumées posées sur le piano. Une claire nuit d'été nous souriait à travers les fenêtres ouvertes. Tout était calme, on n'entendait que les pas de Katia qui foulaient le gravier de temps en temps et le cheval de notre visiteur; l'animal était attaché sous la fenêtre et reniflait en battant la plate-bande de son sabot.

Serguei Mikhaïlovitch était assis derrière moi; je ne pouvais le voir, mais partout dans la demi-obscurité du salon, dans les sons du piano et en moi-même je sentais sa présence.

Je ne distinguais ni son regard, ni ses mouvements et cependant ils se répercutaient tous dans mon cœur. Je me mis à jouer la sonate-fantaisie de Mozart qu'il m'avait apportée et que j'avais apprise avec lui et pour lui. Je ne pensais pas à ma musique, et cependant il me semble que je ne m'en suis pas trop mal tirée et qu'il avait du plaisir à m'entendre.

Je sentais qu'il me regardait et qu'il était heureux. Tout à coup, sans le vouloir, et tout en continuant de jouer, je retournai la tête et je hasardai un coup d'œil de son côté. Sa tête se détachait sur le fond clair de cette nuit lumineuse. Il était assis la joue appuyée sur sa main, ses yeux brillants étaient posés doucement sur moi.

En rencontrant ce regard je souris, et j'interrompis mon morceau; il sourit et d'un geste de reproche indiqua mon cahier de musique pour m'engager à continuer.

Quand je fus au bout de la sonate, la lune était haut dans le ciel, et sa clarté plus vive s'ajoutant à la faible lueur des bougies, inondait le plancher d'un flot de lumière argentée.

Katia fit observer que j'avais mal joué,

parce que je m'étais arrêtée au plus beau passage, mais Sergueï Mikhaïlovitch affirma qu'au contraire je n'avais jamais joué mieux que ce soir-là.

Il se mit à se promener, passant de la salle à manger au salon, et chaque fois qu'il revenait de mon côté, il me regardait et souriait. Je lui rendais son sourire et même j'avais une folle envie de rire, sans raison aucune, sinon que j'étais parfaitement heureuse de tout ce qui s'était passé ce jour-là. Quand il sortait de la salle à manger, vite j'embrassais Katia qui s'était approchée de moi et se tenait près du piano, je nichais un baiser à ma place favorite dans son cou grassouillet, sous le menton; dès qu'il rentrait, je prenais un air sérieux et pourtant j'avais toutes les peines du monde à me retenir de rire.

— Qu'est-ce qu'elle a aujourd'hui ? demanda Katia.

Sergueï Mikhaïlovitch ne répondit rien, il

me regarda et sourit. Il savait ce que j'avais ce jour-là.

— Voyez, quelle belle nuit ! cria-t-il du salon en faisant une pause devant la porte qui ouvrait sur la terrasse.

Katia vint avec moi le rejoindre. En effet, je n'ai jamais vu une nuit semblable.

La lune, à son plein, se trouvait droit au-dessus de notre maison, et nous ne pouvions la voir. La moitié de l'ombre du toit, des colonnes et de la tente se projetait obliquement en raccourci sur l'allée de sable et la pelouse ronde. Tout le reste de la terrasse ressortait en relief sous la clarté de la lune et brillait de rosée.

Sur la large allée bordée de fleurs, qui se perdait au loin dans la brume, se dessinaient les silhouettes des plantes de dahlias et des soutiens à côté de la bande lumineuse et froide où scintillaient les cailloux inégaux du gravier. On voyait reluire à travers les branches le toit lisse de la serre tandis qu'un brouillard montait du fond du ravin et s'avançait en s'épaississant. Sur les branches nues des lilas, déjà en partie défleuris, on distinguait nettement les grappes de fleurs humides de rosée. L'ombre et la lumière se mariaient dans les allées avec des effets si fantastiques, qu'on ne voyait plus des arbres et des sentiers, mais des sortes de maisons transparentes qui se balançaient en de molles ondulations.

A droite, dans l'ombre de la maison, tout était noir, sinistre, effrayant. Par opposition, la cime hardiment élancée du peuplier se découpait éclatante sur ce fond obscur. On se demandait pourquoi cette cime d'arbre avait arrêté son essor à la hauteur de la maison, pour se baigner dans cette lumière crue, au lieu de s'envoler plus haut, là-bas, au loin, dans les profondeurs du ciel bleuâtre.

— Allons nous promener ! m'écriai-je.

Katia y consentit, à la condition que je mettrais des galoches.

—Non, ce n'est pas nécessaire, répondis-je. —Sergueï Mikhaïlovitch me donnera le bras.

Je ne vois pas trop comment le bras de Sergueï Mitkhaïlovitch pouvait préserver mes pieds de l'humidité, mais cette remarque nous parut très naturelle à tous les trois.

Il ne m'avait jamais offert son bras; ce soir-là je le pris de moi-même, et cela ne lui parut pas singulier. Nous descendîmes tous les trois sur la terrasse.

Il me semblait que le ciel, le jardin, l'air que je respirais, le monde entier étaient nouveaux pour moi.

Quand je regardais devant moi, dans cette allée que nous suivions, je me figurais qu'il n'y avait plus rien au delà, qu'au bout finissait le monde de la réalité, que cette nuit devait être pour toujours cristallisée dans sa beauté. Cependant nous avancions, et à mesure le mur magique de la beauté reculait ses limites pour nous laisser passer, et partout nous trouvions encore un jardin, encore des arbres, des chemins et des feuilles sèches.

Et, en réalité, nous prenions allée après allée, foulant sous nos pieds des cercles d'ombre et de lumière, et de vraies feuilles sèches bruissaient sous nos pieds, et des branches fraîches nous caressaient le visage.

C'était bien lui qui marchait d'un pas égal et calme auprès de moi, et tenait doucement mon bras: c'était aussi Katia qui marchait à côté de nous en faisant craquer le gravier à chaque pas.

Ce devait être la lune qui du haut du ciel nous versait sa lumière entre les branches immobiles.

Mais à chaque pas que je faisais en avant et en arrière, le mur magique se refermait et je cessai de croire à la possibilité d'avancer, je cessai de croire à la réalité de tout ce que je voyais.

— Ah! une grenouille! cria tout à coup Katia. « Oui, pensai-je machinalement, une grenouille; mais pourquoi ce cri? » Alors, il me revint à la mémoire que Katia avait peur de ces batraciens, et je regardai à terre.

Une petite grenouille fit un saut, s'arrêta devant mes pieds et jeta, elle aussi, son ombre menue sur le sable brillant de l'allée.

— Et vous n'avez pas peur des grenouilles? me demanda Serguéï Mikhaïlovitch.

Je levai les yeux sur lui. Un tilleul manquait à l'endroit de l'avenue où nous nous trouvions, et je pus distinguer nettement les traits de mon ami. Que son visage me parut beau et que de bonheur il exprimait!

Serguéï Mikhaïlovitch m'avait dit : — « Vous n'avez pas peur des grenouilles? » et moi je croyais entendre sa pensée :

— « Je t'aime, chère enfant!

« Je t'aime, je t'aime, me disaient son regard, ses mains; la lumière et l'ombre et l'air, tout me répétait : Je t'aime! »

Nous avons fait ainsi le tour du jardin. Katia trottinait toujours à côté de nous, tout essoufflée de fatigue. Enfin, elle déclara qu'il était temps de rentrer et j'eus pitié d'elle.

— Pourquoi ne sent-elle pas ce que nous sentons? pensai-je. Pourquoi tout le monde ce soir n'est-il pas aussi heureux que lui et moi?

Nous sommes rentrés à la maison, mais Serguéï Mikhaïlovitch est resté encore longtemps, bien que les coqs eussent déjà chanté une fois, que toute notre maison fût plongée dans le sommeil et malgré les ébrouements de son cheval qui battait toujours plus fort du sabot sous la fenêtre.

Katia ne nous fit pas observer que l'heure était avancée, et nous continuions à parler de choses indifférentes sans nous lasser. Au troisième chant du coq, comme l'aube commençait à poindre, Seïguer Mikhaïlovitch se leva pour partir; il était trois heures du matin.

Il prit congé sans rien dire, selon son habitude, mais je savais qu'à partir de ce jour il m'appartenait et que rien ne pourrait me l'arracher.

Maintenant que je m'étais avoué que j'aimais Serguéï Mikhaïlovitch, je m'empressai d'en faire la confidence à Katia. Elle fut touchée et ravie de mes aveux; cependant sa joie ne l'empêcha pas de dormir tranquillement cette nuit. Pour moi, je me promenai encore longtemps, bien longtemps, sur la terrasse, je descendis dans le jardin, je passai de nouveau dans les allées que nous avions parcourues ensemble, me rappelant chaque mot qu'il avait prononcé et jusqu'à ses moindres mouvements.

Je n'ai pas dormi cette nuit-là et, pour la première fois de ma vie, j'ai vu le lever du soleil et le commencement de la matinée.

Jamais je n'ai revu une pareille nuit ni un matin si radieux.

Je me disais : « Pourquoi ne me dit-il pas tout simplement qu'il m'aime? Pourquoi crée-t-il des obstacles imaginaires? Pourquoi se fait-il plus vieux qu'il n'est, lorsque tout est si simple et si beau! Pourquoi perd-il du temps, ce temps qui est de l'or... qui ne reviendra peut-être jamais? Pourquoi ne me dit-il pas : « Je t'aime »; pourquoi ne prend-il pas ma main pour y poser sa tête et me dire : « J'aime! » Pourquoi ne rougit-il pas et ne baisse-t-il pas les yeux devant moi, et moi aussi je lui dirais tout... Oh ! non, je ne pourrais pas le dire, mais je l'embrasserais, je me serrerais contre lui et je pleurerais.

« Mais si je me trompais?... S'il ne m'aimait point. » Ce doute me traversa subitement la tête.

J'eus peur de mon propre sentiment. Dieu sait jusqu'où il aurait pu me conduire. Je me souvins de son trouble et de ma confusion lorsque j'avais sauté dans le jardin fruitier, et mon cœur devint lourd. Des larmes coulèrent de mes yeux; je me mis à prier.

Une espérance et une idée étrange me passèrent par la tête : Je pris la résolution de commencer ce jour même à me préparer pour la communion, et je décidai que je ferais ma première communion le jour anniversaire de ma naissance et que ce même jour je deviendrais la fiancée de Serguéï Mikhaïlovitch.

Pourquoi cette combinaison? Comment devais-je accomplir ce dessein?... Je l'ignorais, mais je sentais en ce moment qu'il en serait ainsi et je le crus.

Quand je rentrai dans ma chambre, il faisait grand jour et les gens se levaient dans la maison.

IV

Nous étions en carême et personne ne s'étonna de me voir me préparer pour la communion.

Serguei Mikhaïlovitch ne vint pas à la maison de toute la semaine, et loin d'en être surprise ou mécontente, j'approuvai sa réserve et je comptai qu'il remettrait sa visite jusqu'à mon jour de naissance.

Pendant cette semaine, je me levai tous les matins de très bonne heure, et, pendant qu'on attelait la voiture, je me promenais seule dans le jardin pour faire mon examen de conscience, cherchant dans mon souvenir les fautes que j'avais pu commettre la veille et prenant des résolutions pour cette nouvelle journée, me promettant que le lendemain je n'aurais pas le plus petit péché à me reprocher. Il me semblait que rien n'était plus facile que d'être tout à fait sage, et qu'il me suffirait pour cela de faire un petit effort.

Mes réflexions étaient interrompues par l'arrivée de la longue lignéïka dans laquelle se trouvait déjà Katia; je prenais place à côté d'elle, et nous nous rendions ainsi à l'église située à trois kilomètres de chez nous. En approchant, je me rappelais toujours qu'il nous est ordonné de prier pour tous nos frères « dans la crainte du Seigneur », et tout en gravissant les deux gradins couverts d'herbes, je m'efforçais de bien me pénétrer de ce sentiment.

Il n'y avait dans l'église qu'une dizaine de paysannes et quelques gens de notre maison qui se préparaient aussi pour la communion. Je m'appliquais à répondre à leurs saluts avec une humilité étudiée; puis je me dirigeais tout droit à la boîte de cierges que gardait le vieux bedeau, un soldat en retraite; je prenais un cierge et j'allais le placer moi-même devant les icônes. Il me semblait chaque fois que je venais d'accomplir un acte héroïque.

Les portes du Tsar étaient ouvertes et l'on voyait dans le sanctuaire le voile de l'autel qu'avait brodé ma mère; au-dessus de l'iconostase se tenaient les deux anges entourés d'étoiles, qui me semblaient si grands quand j'étais petite, et la colombe à l'auréole d'or qui faisait mon admiration.

Derrière le chœur j'apercevais les fonts baptismaux sur lesquels j'avais si souvent tenu les enfants de nos gens et où j'avais été baptisée moi-même.

Le vieux prêtre sortit du sanctuaire revêtu de la chasuble taillée dans le drap mortuaire qui avait recouvert le cercueil de mon père; il dit l'office de cette même voix que je connais depuis que je suis au monde, cette voix qui a célébré le baptême de ma petite sœur, et prononcé le *De Profundis* sur mon père et sur ma mère.

Je reconnaissais également la voix chevrotante du sacristain qui dominait toujours le chœur, et la vieille paysanne que j'avais vue de tous temps à la même place, courbée en deux, appuyée contre le mur, ne manquant pas un service, levant ses yeux pleins de larmes sur l'icône placé au-dessus du chœur, et, de ses mains posées en croix, serrant sur sa poitrine un vieux châle fané en murmurant des prières de ses lèvres flétries et enfoncées.

Toutes ces choses familières grandissaient à mes yeux, revêtaient un caractère sacré; elles ne m'étaient plus chères uniquement par le souvenir, mais elles me semblaient remplies d'une haute signification.

J'écoutais attentivement chaque mot de la prière et je m'efforçais d'éprouver des sentiments en harmonie avec ces paroles; lorsque je ne les comprenais pas, je priais Dieu de m'éclairer, ou je disais mentalement une prière selon mon cœur pour remplacer celle que je n'avais pu suivre.

Quand venait le *Confiteor*, j'évoquais tout mon passé, et ce passé enfantin et innocent me semblait si noir en comparaison du lumineux état de mon âme, que je pleurais sur mes péchés avec crainte et tremblement, mais en même temps je sentais que mes fautes me seraient pardonnées et que si j'étais encore plus coupable, mon repentir n'en serait que plus doux.

Lorsque le prêtre après l'office disait : « La bénédiction de Dieu est sur vous », un sentiment physique de bien-être s'emparait aussitôt de moi, je sentais un chaud rayon pénétrer dans mon cœur et m'inonder de clarté.

Le service terminé, le pope s'approchait de moi, et m'offrait de venir dire les premières vêpres à la maison ; je le remerciais avec effusion pour cette attention et je déclarais que je viendrais moi-même à l'église.

Il insistait :

— Pourquoi vous donner cette peine?

Et je ne savais plus que répondre dans ma crainte de pécher par orgueil.

Lorsque Katia ne m'accompagnait pas, je renvoyais la voiture en arrivant, et je retournais à pied, et toute seule, à la maison, je saluais humblement et bien bas tous ceux que je rencontrais, cherchant l'occasion de me rendre utile à quelqu'un, de me sacrifier pour n'importe qui, en donnant un conseil à celui-ci, en aidant celui-là à relever son char, en berçant un marmot, ou en cédant le bord du chemin à un paysan tout en pataugeant moi-même dans la boue.

Un soir j'entendis notre intendant, lorsqu'il vint faire à Katia son rapport journalier, raconter que le moujik Siméon était venu demander des planches pour faire la bière de sa fille et un rouble d'argent pour qu'on dise une messe, et qu'il les lui avait donnés.

— Est-ce qu'ils sont si pauvres? m'écriai-je.

— Très pauvres, mademoiselle ; ils n'ont pas même de quoi acheter du sel, répondit le régisseur.

Je sentis mon cœur se serrer, mais en même temps j'éprouvai une certaine satisfaction. Je dis à Katia que j'allais me promener. En réalité je courus dans ma chambre, je pris tout mon argent, tout ce que je possédais, — à vrai dire ce n'était pas beaucoup, — puis je me signai et me dirigeai toute seule par la terrasse et le jardin jusqu'au village, à la chaumière de Siméon.

Il habitait la première isba. Je pus m'approcher de la fenêtre sans être aperçue, je posai l'argent sur le rebord, puis je frappai aux vitres.

Aussitôt la porte s'ouvrit en grinçant, et quelqu'un sortit de l'isba en demandant qui avait frappé. Mais, sans répondre un mot, je m'enfuis à la maison toute tremblante et froide de frayeur comme une criminelle.

Katia m'interrogea pour savoir où j'avais

été, et ce qui m'était arrivé. Je passai devant elle sans rien dire, incapable de saisir la signification de ses paroles.

Tout ce qui m'environnait me sembla tout à coup petit, mesquin. Je restai longtemps dans ma chambre sans pouvoir m'occuper à quoi que ce soit, ni fixer ma pensée, ni me rendre compte du sentiment que j'éprouvais.

Je songeais à la joie de cette pauvre famille, à sa reconnaissance pour l'inconnu qui avait posé l'argent sur la fenêtre et je regrettai presque de ne pas le lui avoir remis moi-même. Puis je pensai à ce que Serguéï Mikhaïlovitch aurait dit de cet acte, et j'étais heureux de penser que tout le monde l'ignorerait toujours.

Que j'étais heureuse en ce moment ! Il me semblait que tous les hommes, et moi comme eux, nous étions bien mauvais, et pourtant il m'était impossible de ne pas juger avec une tendresse si indulgente les autres et moi-même, que l'idée de la mort m'apparut comme un rêve de bonheur qui m'obsédait. Je pleurais en priant, je souriais dans mes larmes, je sentais déborder en moi un amour qui embrassait le monde entier et me portait à m'attendrir sur moi-même.

Entre les offices je lisais l'évangile, et ce livre devenait de plus en plus clair pour moi, le récit de cette vie divine me semblait toujours plus simple et plus touchant, et la profondeur de sentiment et de pensée que je trouvai dans la parole sainte me paraissait plus impénétrable et plus sublime.

Mais, en revanche, lorsque après ma lecture je regardais autour de moi et je reportais ma pensée sur la vie quotidienne, que tout me semblait facile et simple ! Il me semblait que rien n'était plus difficile que de vivre dans le péché et que rien n'était plus simple que d'aimer son prochain et de s'en faire aimer. Tout le monde était devenu si bon pour moi, si tendre, même Sonia, à qui je continuais à donner des leçons, était transformée, elle s'efforçait de me comprendre, de m'être agréable, de ne point me faire de la peine.

C'est que les autres agissaient envers moi comme je me conduisais à leur égard.

Puis je pensais à mes ennemis à qui je devais demander pardon avant de me confesser. Je me souvins d'une jeune fille, d'une voisine, au sujet de laquelle je m'étais permis une plaisanterie en société, une année auparavant. Elle avait cessé depuis de venir nous voir. Je lui écrivis une lettre où je confessais ma faute en lui demandant pardon. Elle me répondit par une lettre où elle me demandait aussi pardon, tout en me pardonnant.

Je pleurai de joie en lisant ces simples lignes dans lesquelles je trouvais un sentiment profond et touchant.

Quand je vins demander pardon à ma niania, elle fondit en larmes.

— Pourquoi sont-ils si bons pour moi? Qu'ai-je fait pour mériter leur amour? me demandais-je.

Et involontairement je me rappelai Sergueï Mikhaïlovitch et je pensai à lui longtemps. Je ne pouvais m'en empêcher, et je ne croyais pas que cela fût un péché.

Mais je pensais à lui tout autrement que pendant cette nuit où je m'étais avoué pour la première fois que je l'aimais ; je pensais à lui comme à moi-même et je le mêlais sans y songer à tous mes rêves d'avenir.

Le sentiment accablant de sa supériorité qui m'oppressait en sa présence s'était évanoui. Je me sentais son égale et le jugeant des hauteurs où m'exhaussait mon état d'esprit actuel, je pénétrais son âme tout entière. Ce qui auparavant me frappait comme étrange en lui m'était devenu tout à fait clair. A ce moment je compris pour la première fois pourquoi il disait toujours que le bonheur consiste à vivre pour un autre ; j'étais maintenant de son avis.

Il me semblait qu'à nous deux, nous serions heureux d'un bonheur paisible et sans fin. Je ne rêvais auprès de lui ni de voyages à l'étranger, ni du monde, ni de luxe, mais seulement d'une douce vie de famille à la campagne, dans un éternel et mutuel sacrifice de soi, un éternel amour avec le sentiment constant qu'une tendre et secourable Providence veillait éternellement sur nous.

Comme je me l'étais promis, je me confessai le jour anniversaire de ma naissance.

A mon retour de l'église j'éprouvai une telle plénitude de bonheur, que je resentis comme une crainte de vivre, je redoutais la moindre impression qui pourrait venir troubler ma sérénité.

Mais à peine la voiture nous eût-elle déposées dans la cour, qu'un cabriolet bien connu roula dans la cour avec fracas et Sergueï Mikhaïlovitch nous rejoignit.

Il me présenta ses félicitations et nous entrâmes ensemble au salon.

Jamais depuis que nous nous connaissions, je ne m'étais sentie aussi calme, aussi indépendante en sa présence, que ce matin-là. Je sentais en moi tout un monde nouveau, impénétrable pour lui, et qui lui était supérieur. C'est pourquoi je ne ressentais plus aucun embarras.

Il devait avoir l'intuition de ce qui se passait en moi, je le compris à la tendresse pleine de déférence qu'il me témoigna avec une ferveur presque religieuse.

— Je m'approchai du piano, mais il le ferma et mit la clé dans sa poche.

— Ne troublez pas la paix de votre âme, vous venez d'entendre une harmonie supérieure à toute musique terrestre.

Je lui sus gré de cette attention, mais en même temps je lui en voulus un peu de pénétrer si facilement le secret de mon âme. Au dîner, il déclara qu'il était venu pour me souhaiter ma fête et en même temps pour prendre congé, car il devait partir le lendemain pour Moscou.

En prononçant ces mots, il regarda Katia,

puis jeta un coup d'œil furtif sur moi, comme s'il craignait d'apercevoir sur mon visage quelques marques d'émotion.

Mais je ne fus ni étonnée, ni inquiète, je ne lui demandai même pas s'il s'éloignait pour longtemps.

Je savais d'avance qu'il annoncerait son départ et qu'il ne partirait pas. Comment l'avais-je deviné? Il m'est impossible maintenant de me l'expliquer. Je sais seulement qu'en ce jour mémorable j'avais présent à l'esprit tout ce qui avait eu lieu et je pressentais tout ce qui devait arriver.

J'étais comme dans un beau rêve où l'avenir comme le passé n'avaient plus de secrets pour moi.

Sergueï Mikhaïlovitch voulut se retirer tout de suite après le dîner, mais Katia, fatiguée après une matinée passée à l'église, alla se reposer; il fut obligé d'attendre son réveil pour lui faire ses adieux.

Comme il y avait trop de soleil au salon,

nous descendîmes sur la terrasse. A peine étions-nous assis que je commençai d'un air parfaitement calme à parler de ce qui devait décider du sort de mon amour.

J'entamai la conversation au moment précis où nous prîmes place sur la terrasse, pas une minute avant, pas une minute après. Nous n'avions pas encore échangé une parole, et je pouvais donner à notre causerie le caractère et le ton qui me convenaient.

Je ne peux comprendre moi-même où j'ai puisé le calme, la décision et la netteté de mes expressions. Il semblait que ce n'était pas moi, mais quelque chose d'indépendant de ma volonté qui parlait en moi.

Serguei Mikhaïlovitch était assis en face de moi, appuyé à la balustrade, il avait attiré à lui une branche de lilas et s'amusait à l'effeuiller.

Quand je me mis à parler, il lâcha la branche qu'il tenait et appuya la tête sur sa main. Son attitude était celle d'un homme parfaitement calme ou au contraire en proie à une émotion intense.

— Pourquoi partez-vous? demandai-je avec intention en accentuant chaque mot et en le regardant en face.

Il ne répondit pas tout de suite.

— Les affaires! balbutia-t-il en baissant les yeux. Je vis combien il lui était pénible d'éluder une question qui lui était posée avec tant de sincérité.

— Ecoutez, lui dis-je... Vous savez combien ce jour est solennel pour moi. Il est appelé à jouer un grand rôle dans ma vie sous plus d'un rapport. Si je vous ai posé cette question ce n'est pas pour vous prouver que je m'intéresse à vous, vous savez que j'ai l'habitude de vous voir depuis que je me connais, que je vous aime; je vous demande cela parce que je dois savoir pour quel motif vous partez?...

— Il m'est très difficile, répondit-il de vous dire le véritable motif de mon départ... Cette semaine, j'ai beaucoup pensé à vous et à moi, et j'ai décidé que je dois partir. Vous comprenez pourquoi, et si vous m'aimez vous n'insisterez plus...

Il se frotta le front de sa main, puis la ramena sur ses yeux.

— C'est moi qui souffre, reprit-il, et vous, vous comprenez pourquoi je pars...

Mon cœur battit violemment.

— Je ne peux pas comprendre, lui dis-je.... je ne le *peux pas*, mais vous, je vous implore, je vous demande comme une grâce, que vous m'accorderez parce que c'est le jour de ma fête, dites-moi tout, je peux entendre avec calme tout ce que vous avez à me dire.

Il changea de posture, ramena la branche de lilas vers lui et, d'une voix qu'il s'efforçait d'affermir, il dit :

— Bien qu'il soit ridicule et impossible d'exprimer cela en paroles, et bien que j'en souffre, je m'efforcerai de vous l'expliquer.

Il se renfrogna comme s'il éprouvait une douleur physique.

— Eh bien ? lui dis-je.

— Imaginez-vous qu'il y avait, une fois, un homme, oui, un homme d'un certain âge qui avait déjà laissé sa jeunesse derrière lui, et une demoiselle B..., une jeune personne parfaitement heureuse et qui ne connaissait encore ni la vie, ni les hommes. Ils furent rapprochés par des relations de famille, et il s'attacha à cette jeune fille, d'une affection paternelle sans avoir la moindre idée qu'il pourrait un jour l'aimer autrement...

Il se tut. Je ne fis aucune remarque. Au bout d'un instant, il reprit vivement, d'un ton décidé, et sans me regarder :

— Il avait oublié que Mlle B... était si jeune, qu'elle était à l'âge ou la vie semble encore un jeu, qu'il était trop facile de l'aimer autrement que comme un père et qu'elle en était contente. Il s'abusa jusqu'au jour où il ressentit tout à coup qu'un autre sentiment, pesant comme le remords, se glissait dans son âme, et il eut peur.

Il craignait de voir s'effondrer leurs relations amicales et il résolut de partir pour les conserver intactes.

En disant ces mots, Serguéï Mikhaïlovitch passa de nouveau, sans y penser, la main sur ses yeux et finit par les couvrir entièrement.

— Mais pourquoi avait-il peur de l'aimer? demandai-je tout doucement et en contenant mon émotion ; ma voix resta égale et dut lui paraître moqueuse.

Il répondit d'un ton presque offensé :

— Vous êtes jeune, et moi, je ne le suis plus. Vous ne demandez qu'à jouer, moi je désire autre chose. Jouez, mais pas avec moi, car je pourrais prendre ce jeu au sérieux et alors je serais malheureux ; puis vous-même vous auriez honte.

— Ainsi parlait M. A..., ajouta-t-il, mais laissons tous ces enfantillages... vous comprenez maintenant pourquoi je pars. N'en parlons plus, je vous en prie.

— Non ! Non ! parlons-en ! m'écriai-je, et des larmes firent trembler ma voix. — L'aimait-il, oui ou non ?

Serguei Mikhaïlovitch ne répondit pas.

— Et s'il ne l'aimait pas, repris-je, pourquoi s'est-il joué d'elle comme d'un enfant ?...

— Oui, oui, dit-il précipitamment en m'interrompant — mais tout étant fini entre eux, ils se sont séparés... en amis.

— Mais c'est effrayant, ce que vous me dites là !... Tout cela ne pouvait-il pas se terminer tout autrement ?

J'eus peur moi-même de ce que je venais de dire.

— Oui, cela aurait pu se terminer autrement, dit-il en découvrant son visage altéré par l'émotion, et il me regarda au fond des yeux.

— Il y a deux dénouements de possibles, reprit-il. Seulement, de grâce, ne m'interrompez pas et tâchez de m'écouter avec calme.

Les uns disent, ajouta-t-il en se levant, et il ébaucha un sourire amer et nerveux — les uns disent que M. A... est devenu fou, qu'il a aimé Mlle B... à la folie, qu'il le lui a dit... et qu'elle s'est contentée de lui rire au nez. Pour elle, ce n'était qu'une plaisanterie, pour lui, il y allait de toute sa vie.

Je tressaillis, je voulus l'interrompre, l'empêcher de parler pour moi, mais il me retint en posant sa main sur la mienne.

— Attendez, murmura-t-il d'une voix tremblante, d'autres disent que Mlle B... a eu pitié de M. A..., que cette pauvrette qui n'avait jamais vu le monde, s'était imaginé qu'elle pouvait l'aimer et qu'elle avait consenti à devenir sa femme. Eh bien, ce pauvre fou, il a cru que sa vie allait recommencer... mais elle ne tarda pas à découvrir qu'elle s'était fait des illusions et que lui-même s'était abusé... N'en parlons plus, dit-il pour conclure, la voix lui manquait, il se mit à marcher silencieusement de long en large devant moi.

Il venait de dire : « N'en parlons plus » et je voyais pourtant que de toutes les forces de son âme il attendait ma réponse. Et moi, j'aurai voulu parler, mais je ne le pouvais pas ; j'avais le cœur serré.

Je le regardai, il était pâle et sa lèvre inférieure tremblait. J'eus pitié de lui. Je fis un suprême effort et tout à coup je rompis ce silence qui m'oppressait, je me mis à parler d'une voix calme, contenue, mais qui me semblait à tout moment devoir se briser :

— Il y a un troisième dénouement, et je n'eus pas la force de continuer...

Sergueï Mikhaïlovitch gardait toujours le silence.

— Ce troisième dénouement, repris-je avec effort, est celui-ci : il ne l'a jamais aimée et il lui a fait du mal tout en croyant bien faire en partant, et même il se glorifiait de cette action... C'est vous qui êtes content de partir, quant à moi, je vous ai aimé dès le premier jour.

A ce mot « aimé », ma voix de calme et contenue se changea en un cri sauvage qui me fit peur à moi-même.

Il restait debout devant moi, très pâle, et le tremblement convulsif de ses lèvres s'accentua, deux larmes coulèrent le long de ses joues.

— C'est mal ! criai-je hors de moi, sentant que j'étouffais et que des larmes de rage remplissaient mon gosier... Pourquoi? dis-je encore une fois, et je voulus me lever pour m'éloigner de lui.

Mais je n'eus pas le temps, sa tête était déjà sur mes genoux, ses lèvres baisaient mes mains encore tremblantes et toutes mouillées de ses larmes.

— Mon Dieu ! si je pouvais le croire, balbutia-t-il.

— Pourquoi, pourquoi douter? murmurai-je, mais déjà dans mon âme rayonnait le bonheur, ce bonheur aujourd'hui évanoui et qui ne reviendra plus !

Cinq minutes plus tard, Sonia courait chez Katia et criait assez fort pour être entendue dans toute la maison.

— Savez-vous, Macha se marie avec Serguef Mikhaïlovitch !

V

Il n'y avait aucune raison de différer notre mariage, et ni lui ni moi, nous n'avions envie d'attendre. Sans doute Katia aurait voulu aller à Moscou pour commander mon trousseau, et la mère de mon fiancé insistait pour qu'il achetât une voiture neuve et qu'il renouvelât le mobilier et les tentures de sa maison. Mais nous étions d'accord pour demander qu'on nous marie d'abord et qu'on remette tous ces soins, s'ils étaient nécessaires, à plus tard. Nous tenions à ce que notre mariage fût célébré dans deux semaines, paisiblement, sans trousseau, sans souper de noce ni champagne, ni aucun des autres accessoires conventionnels qui accompagnent toujours une noce.

Il me confia que sa mère était très désappointée de ce que notre union serait célébrée sans musique, sans que la maison soit transformée de la cave au grenier et sans voir des montagnes de linge s'empiler dans les rangées de nouveaux bahuts, comme cela avait été le cas lors de son mariage à elle, lequel avait coûté plus de trente mille roubles. Aussi, à l'insu de son fils, la vieille dame passait en revue ses armoires et tenait conseil avec sa femme de charge Mariouchka au sujet des tapis, des rideaux, des plateaux qui lui semblaient, je ne sais pourquoi, indispensables à notre bonheur.

A la maison, Katia en faisait autant avec Kouzminichna. Katia n'aimait pas que je me permette de plaisanter là-dessus. Elle était fermement convaincue qu'en nous entretenant de notre avenir, Serguéï Mikhaïlovitch et moi, nous disions des enfantillages, comme il convient à des fiancés, mais qu'en réalité notre bonheur futur dépendait de la manière dont les chemises seraient faites et les nappes et les serviettes ourlées.

Il s'établit entre Pokrovskoï, notre propriété, et Nikolskoë, celle de mon fiancé, un échange de communications quotidiennes au sujet de ce qui se préparait chez nous et là-bas. Et, bien que les relations entre Katia et la mère de Serguei Mikhaïlovitch eussent le caractère le plus affectueux, il y avait déjà une fine diplomatie qui s'insinuait dans leurs rapports, et laissait percer une pointe de rivalité.

Tatiana Sémionovna, la mère de Serguei Mikhaïlovitch, dont je fis plus ample connaissance, était une sévère maîtresse de maison, très altière, tout à fait une grande dame du siècle dernier.

Serguei Michhaïlovitch aimait sa mère non seulement comme un fils dévoué, mais comme un homme qui voyait en elle la femme la plus intelligente, la plus aimante et la meilleure du monde.

Elle se montrait toujours bonne pour nous et surtout pour moi ; elle était évidemment contente de voir son fils se marier. Cependant, lorsque je vins chez elle comme la fiancée de Sergueï Mikhaïlovitch, il me sembla qu'elle tenait à me faire sentir que son fils aurait pu trouver un meilleur parti, et que je ferais bien de ne jamais l'oublier.

Je la comprenais parfaitement et j'étais entièrement de son avis.

Pendant les deux semaines qui précédèrent mon mariage, je vis mon fiancé tous les jours. Il arrivait pour le dîner et restait jusqu'à minuit. Mais bien qu'il déclarât qu'il ne pouvait vivre sans moi, et je voyais bien qu'il disait vrai, il n'a pas une seule fois passé la journée entière auprès de moi et s'est efforcé, tout le temps de nos fiançailles, de vaquer quand même à ses affaires.

Nos relations étaient restées extérieurement ce qu'elles étaient auparavant ; nous nous disions toujours vous, il ne baisait pas même ma main, et non seulement il ne recherchait pas l'occasion de rester seul avec moi mais il évitait le tête-à-tête. On eût dit qu'il craignait de s'abandonner à la tendresse trop vive qu'il éprouvait et dont il redoutait l'explosion.

J'ignore lequel de nous deux avait changé, mais je me sentais tout à fait son égale. Je ne trouvais plus en lui cette affectation de simplicité qui me déplaisait, et souvent je découvrais avec bonheur que j'avais devant moi un véritable enfant éperdu de bonheur et plein d'humilité au lieu de cet homme qui m'inspirait de la crainte et m'imposait le respect.

Il me semblait maintenant que je connaissais son âme tout entière, et tout ce que j'apprenais sur lui me paraissait parfaitement simple et tout à fait de mon goût. Même les plans qu'il formait pour notre vie future étaient les miens avec cette seule différence qu'il savait les exposer bien plus clairement et bien mieux que moi.

Le temps était mauvais et nous passions la plus grande partie de la journée à la maison. Nos conversations les plus douces et les plus intimes ont eu lieu dans l'angle du salon compris entre le piano et la fenêtre.

La clarté des bougies se reflétait dans les vitres obscurcies sur lesquelles rejaillissaient avec bruit des gouttes de pluie qui coulaient du toit, l'eau s'échappait avec fracas des gouttières, et cette humidité du dehors rendait encore plus gai, plus chaud et plus clair ce coin du salon où nous nous étions réfugiés.

— Savez-vous, il y a longtemps que j'ai quelque chose à vous dire, s'écria-t-il un soir que notre causerie s'était prolongée plus tard que de coutume auprès du piano.

— J'y ai pensé tout le temps que vous avez joué, continua-t-il.

— Ne me le dites pas, j'ai tout deviné! répliquai-je.

— Oui, vous avez raison, n'en parlons pas.

— Non, non, dites-le moi ?... De quoi s'agit-il ? dis-je en me ravisant.

— Voici ce que c'est, vous vous rappelez l'histoire de M. A. et de Mlle B.

— Je me rappellerai toujours cette sotte histoire... il est heureux qu'elle se soit si bien terminée.

— Oui, encore un peu et je détruisais moi-même tout mon bonheur. Vous m'avez sauvé. Mais la chose importante, c'est que j'ai menti alors, et j'en ai honte, voilà pourquoi je veux m'expliquer maintenant...

— Je vous en prie, n'ajoutez pas un mot...

— Que craignez-vous, dit-il en souriant. Je dois seulement me justifier. Quand je vous ai parlé, j'ai voulu raisonner...

— A quoi bon raisonner ? répliquai-je... Il ne faut jamais raisonner ses sentiments.

— Oui, j'ai mal raisonné. Après tous les

désenchantements et toutes les fautes de ma vie, quand je suis revenu chez moi cette fois-ci, j'ai pris la résolution de ne plus aimer, je me suis dit qu'il ne me restait plus qu'un devoir, celui de finir ma vie en honnête homme. Ma décision était si fermement arrêtée que pendant longtemps je ne me suis pas rendu compte du sentiment qui m'attirait vers vous, et je n'ai pas prévu jusqu'où il me conduirait... J'espérais sans oser espérer... ajouta-t-il après une pause. — Tantôt il me semblait que vous faisiez la coquette, tantôt je croyais voir que vous m'aimiez et je ne savais pas ce que je devais faire. Mais après cette soirée... Vous vous en souvenez?... Cette soirée où nous nous sommes promenés au jardin, j'ai pris peur... mon bonheur m'a semblé trop grand pour être réel... Et en effet que serais-je devenu si je m'étais laissé aller à espérer et que ces espérances fussent vaines? Seulement je n'ai pensé qu'à moi, car je suis un vilain égoïste.

Il se tut et me regarda.

— Cependant, je n'avais pas tout à fait tort, reprit-il. — J'étais bien en droit de redouter un échec. En échange de tout ce que vous m'apportez, qu'ai-je à vous donner? si peu de chose! Vous êtes encore une enfant, une fleur en son bouton qui attend le moment de s'épanouir! Vous aimez pour la première fois, et moi...

— Oh! dites-moi toute la vérité...

Mais aussitôt j'eus peur de la réponse qu'il aurait pu me faire et je m'écriai:

— Non, non, ne me dites rien.

— Vous voulez savoir si j'ai déjà aimé, dit-il en pénétrant ma pensée. — Je peux vous répondre... Non, je n'ai jamais aimé. Je n'ai jamais ressenti un sentiment comme celui que j'éprouve pour vous.

Mais tout à coup un souvenir pénible eut l'air de l'assaillir et il ajouta tristement:

— Non, et c'est pourquoi il me faut votre cœur pour me donner le droit de vous aimer.

Vous voyez que j'avais le devoir de bien réfléchir avant de vous dire que je vous aime? Qu'est-ce que je vous offre en échange de votre vie? L'amour! C'est tout...

— Et c'est peu? demandai-je en levant les yeux sur lui pour rencontrer son regard.

— C'est peu, mon amie, pour vous c'est peu, continua-t-il. Vous avez la beauté et la jeunesse!... Mon bonheur est tel que souvent je ne dors pas des nuits entières en songeant à notre vie future. J'ai beaucoup vécu et je croyais avoir enfin trouvé ce qu'il me faut pour être heureux : Une vie calme et retirée dans notre trou de campagne, avec la possibilité de faire du bien aux paysans, chose bien facile, à laquelle ils ne sont pas habitués, et qui sera pour moi un travail utile ; enfin pour distractions, la nature, les livres, la musique, l'amour du prochain... tel était mon rêve de bonheur et je ne concevais rien au-delà... Et voici qu'en outre je trouve une amie comme vous, et ensuite peut-être la famille et tout ce qu'un homme peut souhaiter.

— Pourquoi pas ?

— C'est très bien pour moi dont la jeunesse est passée, dit-il, mais pas pour vous... Vous, vous ne connaissez pas encore la vie, vous aurez peut-être envie de chercher le bonheur ailleurs, et peut-être finirez-vous par le trouver... Il vous semble en ce moment que vous possédez le bonheur tout entier parce que vous m'aimez...

— Non, non, j'ai toujours rêvé une vie calme, une vie de famille, m'écriai-je. C'est ce que j'aime... vous le voyez, votre rêve est aussi le mien.

— Il vous semble qu'il en est ainsi, mon amie, mais c'est peu pour vous. Vous avez la beauté et la jeunesse, répéta-t-il pensif.

Je fus froissée de ce qu'il ne me croyait pas et de ce qu'il semblait me reprocher ma jeunesse et ma beauté.

— Pourquoi m'aimez-vous ? demandai-je

d'un ton fâché, est-ce pour ma jeunesse ou pour moi-même?

— Je ne sais pas pourquoi je vous aime, mais je sais que je vous aime, répondit-il en fixant sur moi son regard profond, qui appelait irrésistiblement le mien.

Je gardai le silence, mes yeux, malgré moi, restaient rivés à ses prunelles.

J'éprouvai tout à coup une sensation étrange : d'abord tout ce qui m'entourait s'effaça pour moi, puis le visage de Serguei Mikhaïlovitch s'évanouit, et je ne vis plus que ses yeux qui brillaient devant les miens ; enfin, il me sembla que ses yeux avaient pénétré en moi-même, alors je ne vis plus rien et je fus contrainte de baisser mes paupières pour m'arracher au sentiment d'extase et de crainte qu'excitait en moi la fascination de ce regard.

La veille du jour fixé pour le mariage, le ciel se découvrit dans la soirée. Aux pluies qui n'avaient pas cessé de tomber depuis la fin de l'été, succédait la première soirée d'automne claire et froide. Tout était imprégné d'une fraîcheur humide, et l'on apercevait pour la première fois dans les allées éclaircies du jardin les tentures diaprées de l'automne, qui frissonnaient encore autour des arbres en partie dénudés. Le ciel était limpide, d'un bleu pâle aux reflets froids.

Je m'endormis tout heureuse à la pensée qu'il ferait beau le lendemain, le jour de mes noces.

Je me réveillai avec le soleil et la pensée que *ce jour* était déjà là me remplit de crainte et d'étonnement; je me hâtai de descendre au jardin.

Le soleil, qui était encore bas à l'horizon, faisait des trouées lumineuses entre les branches jaunes et dépouillées des tilleuls. Les allées étaient couvertes de feuilles qui bruissaient. Les fruits écarlates des sorbiers étalaient leur couleur rouge, un peu assombrie, sur les branches, au milieu des restes de feuillage recoquillé et flétri par la gelée ; les dahlias fanés sur leur tige étaient devenus tout noirs.

L'hiver avait pour la première fois jeté sa poudre d'argent sur le gazon jaunissant et les plates-bandes qui s'étendaient devant la maison. Le ciel était trop froid pour n'être pas clair et pur.

— Est-il possible que ce soit pour aujourd'hui? me demandai-je, et j'avais de la peine à croire à mon bonheur.

— Est-il possible que ce soir je ne me réveillerai plus dans ma chambrette, mais à Nikolskoë, dans cette grande maison à colonnes, cette maison étrangère? Je ne l'attendrai plus ici pour le retenir chez nous en lui parlant toute la soirée de Katia et de Sonia? Je ne me tiendrai plus avec lui dans notre coin favori au salon, près du piano? Je n'irai plus l'accompagner et je n'aurai plus peur pour lui quand il retourne chez lui tout seul dans la nuit noire? »

Alors je me rappelai qu'il m'avait dit la

veille qu'il venait pour la dernière fois et que Katia, en m'essayant ma robe de noce, m'a dit: C'est pour demain, et un instant j'ai réalisé que l'événement était si proche, mais l'instant d'après je me repris à douter.

— « Comment, me dis-je de nouveau, dès aujourd'hui je vivrai là-bas avec ma belle-mère, sans Katia et sans les autres gens auxquels je suis habituée? Je n'embrasserai plus tous les soirs avant de me coucher ma bonne niania, je ne l'entendrai plus me dire comme de coutume, après avoir fait le signe de la croix : — Bonne nuit, mademoiselle? Je ne donnerai plus de leçons à Sonia, je ne jouerai plus avec elle, je ne frapperai plus pour m'amuser contre le mur de ma chambre qui me sépare d'elle et je n'entendrai plus son rire éclatant. »

— « Comment, je deviens aujourd'hui comme une étrangère pour moi-même? Une nouvelle vie qui doit réaliser tous mes rêves et mes espérances va s'ouvrir devant moi? Et cette vie nouvelle est-elle vraiment pour toujours?

J'attendais avec impatience l'arrivé de Serguéï Mikhaïlovitch ; je trouvais mes pensées trop lourdes pour les porter toute seule.

Il vint de bonne heure, et ce n'est qu'en sa présence que je réalisai tout à fait que ce jour-là je serais sa femme, et que cette pensée cessa de me faire peur.

Avant de dîner, nous nous sommes tous rendus à notre chapelle pour assister à une messe pour le repos de l'âme de mon père.

« Ah! s'il vivait encore! pensai-je, comme nous revenions à la maison, et je m'appuyai sans mot dire au bras de mon fiancé, qui avait été le meilleur ami de mon père.

Pendant le service, lorsqu'à genoux je touchai de mon front les dalles froides de la chapelle, je me représentai si vivement mon père, qu'il me sembla que son âme me comprenait

Tous ces souvenirs, ces espérances, ce bonheur et cette tristesse se fondirent en moi en un sentiment solennel et plein de charme qui harmonisait avec cet air si frais, ce calme, ces champs dénudés, et ce ciel pâle d'où tombaient des rayons brillants mais impuissants qui cherchaient en vain à brûler mes joues.

Il me semblait que celui à qui je donnais en ce moment mon bras le comprenait et partageait mon sentiment. Il marchait à pas lents, en silence, et sur son visage, que je regardais à la dérobée à de longs intervalles, je retrouvais ce mélange de tristesse et de joie qui était dans la nature et dans mon cœur.

Tout à coup il se tourna vers moi et je vis qu'il voulait parler.

« Pourvu qu'il ne fasse allusion qu'à ce qui remplit mon cœur en ce moment ? » pensai-je avec effroi.

— Il m'a dit un jour : « Epouse ma Macha ! »

— Comme il serait heureux aujourd'hui, dis-je en pressant fortement le bras sur lequel s'appuyait ma main.

— Oui, vous étiez encore une enfant, continua-t-il en regardant mes yeux... dans ce temps-là je baisais ces yeux, et je les aimais uniquement à cause de leur ressemblance ;... j'étais bien loin de me douter qu'un jour je les aimerais si fort pour eux-mêmes !... Alors je vous appelais Macha.

— Pourquoi ne me dites-vous pas tu ? murmurai-je.

— J'étais sur le point de te tutoyer il y a un instant, dit-il : ce n'est que maintenant que je sens que tu es entièrement à moi, et son regard attirant, calme et heureux se posa sur moi.

Nous marchions tout le temps sur le chaume au milieu de la paille foulée ou en tas qui

Nous n'entendions que le bruit de nos voix et de nos pas assourdis.

De l'autre côté du ravin, un champ brunâtre s'étendait jusqu'au petit bois dénudé ; en face de nous un laboureur traçait un sillon noir qui allait toujours en s'élargissant. Des chevaux paissaient disséminés au pied de la colline, il semblait qu'on n'eût qu'à tendre la main pour les toucher.

Du côté opposé au ravin s'étalait devant nous, jusqu'au jardin qui dominait notre maison, un autre champ noir et dégelé, que piquaient ici et là les pousses vertes des semailles d'automne.

Le soleil languissant faisait reluire dans l'air l'écheveau embrouillé des fils de la Vierge, qui se croisaient en tous sens, voltigeaient sur nos têtes, s'attachaient à nos yeux, à nos cheveux, à nos habits ou retombaient sur le sol.

Quand nous parlions, nos voix vibraient,

ter suspendues dans l'air immobile; nous avions le sentiment que nous étions complètement isolés du monde, seuls sous le ciel bleu à recueillir les pâles sourires d'un soleil mourant.

Moi aussi j'aurais voulu dire « tu » à Serguéï Mikhaïlovitch, mais une sorte de honte, me retenait.

Enfin courageusement et à demi voix je dis le plus vite possible :

— Pourquoi marches-tu si vite? Et je ne pus m'empêcher de rougir.

Il ralentit son pas et me contempla avec encore plus de tendresse, de joie et de bonheur.

En rentrant à la maison nous trouvâmes la mère de Serguéï Mikhaïlovitck et les invités, sans lesquels il paraît qu'une noce ne peut décemment être célébrée, et à partir de ce moment jusqu'à notre retour de l'église, après la bénédiction, nous n'avons pu nous retrouver en tête-à-tête un seul instant.

Lorsque j'entrai dans l'église, elle était presque vide ; du coin de l'œil j'apercevais de ma place la mère de Serguéï Mikhaïlovitch, qui se tenait près du chœur, debout sur un tapis, et près d'elle, Katia ayant des rubans lilas à son bonnet et des larmes sur les joues. Enfin deux ou trois de nos serviteurs qui me considéraient avec curiosité.

Quant à lui, je n'avais pas besoin de le regarder pour sentir sa présence tout près de moi.

Je suivis avec attention les prières et je les répétai, et pourtant elles ne trouvèrent pas d'écho dans mon âme. Je ne pouvais prier, je regardais, inconsciemment, les saintes images, les cierges, la croix brodée sur la chasuble du pope, l'iconostase et les vitraux, mais je ne comprenais rien à ce qui se passait. Je sentais seulement que quelque chose d'extraordinaire s'accomplissait en moi.

Lorsque le pope, la croix à la main, se tourna vers nous et nous congratula, en disant qu'il était heureux, lui qui m'avait baptisée, que Dieu lui eût accordé la grâce de me donner la bénédiction nuptiale, et lorsque Katia et la mère de mon mari nous embrassèrent et que j'entendis le cri de Grégoire qui appelait notre cocher, je fus surprise et effrayée en découvrant que la cérémonie était déjà terminée, sans qu'il se fût passé dans mon âme quelque chose qui correspondît au sacrement religieux auquel je venais de participer.

Mon mari m'embrassa, mais ce baiser que je lui rendis me parut étrange, il s'accordait si peu avec l'intensité de notre sentiment.

— Ce n'est que cela? pensai-je.

Nous descendîmes sous le porche, le bruit des roues résonnait sous la voûte de l'église, une bouffée d'air frais frappa mon visage, Serguéï Mikhaïlovitch remit son chapeau et m'aida à entrer dans la voiture, puis il s'assit à côté de moi et ferma la porte.

Quelque chose me piqua au cœur, l'assurance avec laquelle il avait tiré à lui la portière m'avait froissée.

J'entendis la voix de Katia qui me recommandait de bien m'envelopper la tête, puis les roues grincèrent sur les cailloux, ensuite s'assourdirent sur le terrain mou. Nous étions en route.

Blottie dans le coin de la voiture je regardai à travers la glace les vastes champs éclairés par la lune et la route qui se perdait au loin dans cette clarté crue, et sans regarder du côté de mon mari je le sentais tout près de moi.

— Comment, cette heure solennelle dont j'attendais tout, pensai-je, ce n'est que cela ! Et il me sembla tout à coup humiliant et blessant de me trouver ainsi toute seule et si près de lui.

Je me tournai de son côté avec l'intention de lui dire quelque chose. Mais les paroles me manquèrent, comme si les sentiments de tendresse avaient fait place à un sentiment de susceptibilité et de crainte.

— Jusqu'à ce moment je ne croyais pas à mon bonheur! dit-il doucement pour répondre à mon regard.

— Oui, mon ami, mais... je ne sais pourquoi... j'ai peur!...

— Tu as peur de moi, mon amie? dit-il, en me prenant la main pour la porter à ses lèvres.

Ma main resta inerte dans la sienne et mon cœur se contracta douloureusement comme sous une impression de froid.

— Oui, murmurai-je à peine.

Mais au même instant mon cœur se mit à battre plus fort, ma main trembla dans celle de mon mari, un doux sentiment de bien-être se répandit en moi, mes yeux dans l'obscurité cherchèrent son regard, et soudain je sentis que je n'avais plus peur de lui, que ce sentiment de crainte c'était encore de l'amour, un amour nouveau, plus tendre et plus fort qu'auparavant.

Je sentis que je lui appartenais tout entière et que j'étais heureuse du pouvoir qu'il avait acquis sur moi.

FIN DE LA PREMIÈRE PARTIE

DEUXIÈME PARTIE

I

Les jours, les semaines, deux mois entiers d'une vie retirée à la campagne coulèrent imperceptiblement pour moi, car les sentiments, les émotions et le bonheur que m'ont donnés ces deux mois suffiraient pour remplir toute une vie.

Notre manière de vivre ne s'est nullement conformée aux plans que nous avions tracés d'avance, Serguei Mikhaïlovith et moi; mais cette existence n'était en rien inférieure à celle que nous avions rêvée, elle était autre, voilà tout.

Où étaient le travail rigoureux, l'accomplissement du devoir, l'esprit de sacrifice, la vie de dévouement que j'avais rêvée comme fiancée ? A la place régnait un sentiment égoïste d'amour mutuel, le désir d'être aimé, une gaieté sans fin et sans cause, un oubli absolu de tout ce qui n'était pas lui ou moi.

Quelquefois, il est vrai, il entrait dans son cabinet pour travailler, ou bien il allait à la ville pour affaires, ou bien il s'occupait de ses propriétés, mais je voyais combien il lui en coûtait de me quitter. Lui-même avouait à son retour que tout ce qui ne se rapportait pas à moi ou l'éloignait de moi lui semblait tellement insignifiant que ce n'était pas la peine de s'en occuper.

Il en était de même pour moi ; j'entretenais ma musique, je m'occupais de ma belle-mère, je donnais des leçons aux enfants du village, mais je faisais tout cela pour mériter son approbation et, parce que toutes ces choses se rapportaient à lui. Aussi, dès qu'une occupation ne se liait plus au désir de lui plaire, mes mains se refusaient au travail. Il m'eût semblé très drôle de penser qu'il existait en ce monde quelque chose en dehors de lui.

Peut-être ce sentiment était-il égoïste et mauvais et pourtant il me donnait le bonheur, il m'élevait au-dessus de moi-même, au-dessus de tout. Pour moi, lui seul existait dans l'univers entier, et il était tout pour moi, le meilleur, le plus parfait des hommes, c'est pourquoi je ne pouvais vivre que pour lui, que pour me maintenir à ses yeux telle qu'il me croyait.

Pour lui, j'étais la meilleure et la plus belle des femmes, pour lui, j'étais douée de toutes les vertus, et je faisais tous mes efforts pour rester la plus parfaite des femmes dans l'estime du meilleur des hommes.

Une fois, il entra dans ma chambre comme je disais mes prières. Je jetai un coup-d'œil sur lui sans m'interrompre. Il s'assit près de la table pour ne pas me gêner. Je crus sentir son regard sur moi et je ne pus m'empêcher de tourner les yeux de son côté.

Il sourit, je me mis à rire et il me fut impossible de continuer à prier.

— Et toi, as-tu déjà dit tes prières? lui demandai-je.

— Oui ; continue tes prières, je m'en vais...

— Mais, tu as l'habitude de prier n'est-ce pas?

Sans me répondre il se leva pour partir, mais je l'arrêtai.

— Mon chéri, pour me faire plaisir, prie avec moi.

Il s'agenouilla près de moi et joignant les mains d'un air embarrassé, le visage sérieux, il se mit après quelque hésitation à dire les prières. Par moment il se tournait vers moi et cherchait dans mon regard mon approbation et des encouragements.

Quand il eut fini, je me mis à rire en l'embrassant.

— Toujours la même, toujours la même !...

comme si je n'avais que dix ans, dit-il en me baisant les mains.

La maison que nous habitions était une de ces vieilles maisons de campagne où la même famille depuis plusieurs générations vit dans l'amour et le respect mutuels. Partout on retrouvait de bons et honnêtes souvenirs des aïeux, qui devinrent mes propres souvenirs dès que je fus entrée dans cette famille.

Tatiana Sémionovna, ma belle-mère, continuait à diriger la maison et tout s'y faisait à l'ancienne mode. Je ne peux pas dire que tout fût beau et élégant, mais tout, depuis le mobilier jusqu'aux serviteurs, était abondant, propre, solide, en ordre et imposait le respect.

Le salon était orné de portraits, le plancher couvert de tapis et de tabourets brodés à la main, les meubles étaient disposés avec symétrie.

Dans la chambre des divans se trouvait le vieux piano, des chiffonniers de styles différents, et devant les divans des guéridons à incrustations, ornés de laiton.

Tatiana Sémionovna avait réuni dans ma chambre les plus beaux meubles de la maison de styles variés et d'époques différentes, quelques-uns ayant plusieurs siècles d'existence. Il y avait entre autres un vieux trumeau que les premiers temps je ne pouvais regarder sans rougir, mais que j'ai appris plus tard à considérer comme un vieil ami qui m'est devenu très précieux.

On ne voyait jamais la maîtresse de la maison, et pourtant tout marchait comme une horloge, malgré la surabondance de domestiques. Tous ces gens portaient des bottes molles et on ne les entendait pas.

Tatiana Sémionovna trouvait le cri des semelles et le bruit des talons, la chose la plus inconvenante du monde ; ses gens semblaient très fiers de leur position, ils tremblaient devant la vieille dame, nous regardaient, mon mari et moi, avec un petit air de protection et paraissaient faire leur ouvrage avec un plaisir extraordinaire.

Tous les samedis régulièrement on lavait les planchers, on battait les tapis; le premier de chaque mois on célébrait une messe pour la bénédiction de l'eau. On fêtait dans tout ce petit royaume l'anniversaire de la naissance des maîtres; mon tour vint pour la première fois cet automne.

Mon mari ne se mêlait jamais des affaires de la maison, et ne s'occupait que des travaux des champs et des moujiks. Cette surveillance lui donnait beaucoup à faire. Il se levait de grand matin, même en hiver; quand je me réveillais il était déjà à l'ouvrage. Il revenait pour le thé que nous prenions ensemble, et tous les matins, lorsqu'il revenait allégé d'une partie de sa besogne, il se trouvait dans cet état de gaieté que ma sœur et moi nous appelions autrefois « sa joie sauvage. »

Souvent je lui demandais ce qu'il avait fait, alors il s'amusait à me faire des récits fantaisistes si drôles, que nous nous tenions les côtes de rire; quelquefois je réclamais un compte rendu plus sérieux, alors il réprimait un sourire et me disait tout ce qui s'était passé ce jour-là.

Je regardais ses yeux, je suivais le mouvement de ses lèvres sans comprendre ce qu'il me disait, mais j'étais heureuse de le voir et d'entendre sa voix.

Quand il avait terminé son récit il me disait :

— Eh bien ! maintenant, répète-moi ce que je viens de te dire :

Et moi, je restais court, je ne comprenais pas qu'il pût parler d'autre chose que de lui et de moi. Comme si tout ce qui était en dehors de nous était indifférent.

Ce n'est que beaucoup plus tard que j'ai commencé à m'intéresser à ses affaires et à les comprendre.

Ma belle-mère restait dans son appartement jusqu'au dîner; elle prenait le thé toute seule et envoyait sa femme de chambre demander de nos nouvelles.

Tout à coup au milieu de nos ébats désordonnés je voyais apparaître la messagère de Tatiana Sémionovna ; elle s'arrêtait dans un coin, grave et respectueuse, et je ne pouvais retenir un éclat de rire, tandis que les mains croisées, elle nous débitait d'une voix sérieuse, qui détonnait étrangement au milieu de nos entretiens :

« Tatiana Sémionovna fait demander comment vous avez dormi après la promenade que vous avez faite hier et elle vous fait dire qu'elle-même a eu mal au côté toute la nuit, et que le stupide chien du village l'a empêchée de dormir en aboyant du soir au matin. Madame m'a encore dit de vous demander comment vous avez trouvé les petits pains ce matin, parce que ce n'est pas Tarass qui les a faits aujourd'hui, mais Natacha, pour qu'elle s'essaie la main ; madame trouve que les petits pains ne sont pas mauvais, mais que les biscuits sont trop cuits. »

Jusqu'au dîner, mon mari et moi, nous étions rarement ensemble. Je jouais du piano ou je lisais; il écrivait ou il sortait de nouveau. Pour le dîner, vers quatre heures, nous nous trouvions tous réunis au salon; ma belle-mère sortait de sa chambre; puis arrivaient deux ou trois dames nobles et sans fortune et des femmes qui allaient en pèlerinage aux places saintes; il y en avait toujours deux ou trois à la maison.

Chaque jour, régulièrement, mon mari avait l'habitude d'offrir son bras à sa mère pour passer à la salle à manger, elle exigeait qu'il m'offrît l'autre bras, et non moins régulièrement nous nous heurtions contre les deux côtés de la porte et tout en nous serrant nous entrions à la débandade.

Ma belle-mère présidait à table, et la conversation était raisonnable, posée et même un peu solennelle. Les quelques mots que nous échangions à la dérobée, mon mari et moi, coupaient agréablement la monotonie de cette longue séance du dîner.

Parfois une discussion badine s'engageait entre la mère et le fils et ils se taquinaient mutuellement; j'aimais beaucoup écouter ces plaisanteries, qui plus que tout autre chose révélaient l'amour profond qui unissait Tatiana Simionóvna et Serguei Mikhaïlovitch.

Après le dîner, notre mère s'installait dans un grand fauteuil au salon, et râpait du tabac ou coupait les feuillets des livres nouvellement arrivés; mon mari et moi nous lisions à haute voix ou nous passions dans la pièce voisine où se trouvait le piano.

Nous avons beaucoup lu ensemble pendant les premiers mois de mon mariage, pourtant c'est dans la musique que nous avons trouvé notre plus grand délice; elle éveillait chaque jour de nouvelles fibres dans notre cœur, et semblait nous révéler plus complètement l'un à l'autre.

Quand je jouais ses morceaux favoris, Sergueï Mikhaïlovitch allait s'asseoir sur le divan le plus éloigné du piano où je pouvais à peine le distinguer; par une sorte de pudeur du sentiment il s'efforçait de cacher l'impression que la musique produisait sur lui; mais souvent, au moment où il s'y attendait le moins, je me levais du piano sur la pointe des pieds et le prenant à l'improviste, je découvrais sur son visage des traces d'émotion et l'éclat humide de ses yeux qu'il s'efforçait en vain de me dérober.

Ma belle-mère avait souvent envie de nous voir au piano, cependant elle craignait de nous gêner et se contentait de traverser le salon d'un air grave, sans nous regarder et en affectant une profonde indifférence; mais je savais bien que rien ne l'obligeait à entrer chez elle à ce moment et à en revenir si vite.

Le soir, tout le monde se rassemblait dans le grand salon et c'est moi qui versais le thé. Ce n'est pas sans un sentiment de timidité que pendant longtemps je présidai à la distribution des tasses sous l'égide du samovar. Il me semblait toujours que je n'étais pas digne de cet honneur, que j'étais encore trop jeune et trop étourdie pour tourner le robinet d'une urne à thé, et pour poser les verres sur le plateau que Nicolas tenait devant moi en disant :

— Ce verre pour Pierre Ivanovitch, celui-là pour Marie Minitchna.

Puis il fallait m'enquérir auprès de chacun : « Votre thé est-il assez doux? » et enfin laisser des morceaux de sucre pour la niania et les serviteurs qui avaient mérité cette distinction.

Quand j'avais fini, mon mari s'écriait :

— Très bien, très bien, tout à fait comme une grande personne!

Et cette réflexion augmentait mon trouble.

Après le thé, ma belle-mère faisait une patience, on écoutait les prédictions de Marie Minitchna qui lui disait les cartes; ensuite elle nous embrassait, faisait le signe de la croix sur nous et nous nous retirions dans notre appartement.

Le plus souvent nous restions à causer jusqu'après minuit, et c'était le meilleur moment de la journée. Serguéï Mikhaïlovitch me racontait son passé, nous faisions des plans, parfois nous philosophions, et nous nous efforcions de parler bas, bien bas, pour n'être pas entendus afin qu'on ne rapportât pas à Tatiana Sémionovna que nous bavardions, quand elle nous avait ordonné de nous coucher de bonne heure.

Quelquefois nous avions faim et nous allions au buffet tout doucement, et grâce à la complicité de Nikita nous arrivions à nous procurer un souper froid que nous emportions vite dans ma chambre, pour le dévorer en cachette à la clarté d'une seule bougie.

Nous vivions comme des étrangers dans cette vieille maison spacieuse où régnait l'esprit austère des anciens temps et de Tatiana Sémionovna. Non seulement celle-ci m'imposait le respect par sa seule présence, mais tout son entourage, ses gens, les vieilles demoiselles nobles, les meubles, les portraits des ancêtres, m'inspiraient une sorte de crainte et me faisaient sentir que nous n'étions pas tout à fait à notre place dans cette demeure et qu'il s'agissait de s'y comporter avec beaucoup de prudence et de circonspection.

Quand je me reporte maintenant à cette époque je découvre que l'ordre immuable et tyrannique de la maison, cette foule de gens curieux et désœuvrés, et beaucoup d'autres choses étaient incommodes et gênantes, mais alors cette contrainte ne servait qu'à aiguillonner notre amour.

Serguei Mikhaïlovitch n'avait pas l'air non plus d'être contrarié de cet état de choses. Au contraire, il semblait se soustraire à la vue de tout ce qui aurait pu le mécontenter.

Ainsi le valet ce chambre de ma belle-mère, Dmitri Sidoroff, aimait beaucoup à fumer la pipe. Tous les jours après le dîner quand nous étions au salon des divans, il se glissait dans le cabinet de mon mari et volait du tabac dans ses tiroirs. Il fallait voir avec quelle gaieté comique, Serguéï Mikhaïlovitch s'approchait de moi sur la pointe des pieds en simulant une grande frayeur, et tout en clignant des yeux et menaçant du doigt, il me montrait le voleur qui ne se doutait point qu'il fût surveillé.

Et quand Dmitri Sidoroff sortait du cabinet sans nous avoir aperçus, mon mari, tout content de constater que tout s'était si bien passé, m'embrassait en me disant : « Tu es une perle ! »

Parfois ce calme, cette mansuétude qui frisait l'indifférence me déplaisait, je ne remarquais pas que j'en étais atteinte moi-même et mon mari me semblait faible de caractère.

« Tout à fait comme un petit enfant qui n'ose pas montrer qu'il a une volonté ! » me disais-je en moi-même.

Un jour que je lui reprochais son excès d'indulgence, il me répondit :

— Ah! mon amie, peut-on être mécontent de quoi que ce soit lorsqu'on est aussi heureux que je le suis! Il est plus facile de céder que de plier les autres à notre volonté, j'ai fait cette découverte il y a longtemps; il n'y a pas de situation où l'on ne puisse être heureux. Et nous sommes si heureux qu'il m'est impossible de me fâcher; je ne peux rien trouver de mauvais en ce moment, je ne vois que le côté drôle des choses et cela me fait rire. Surtout n'oublions pas que *le mieux est l'ennemi du bien.* — Me croiras-tu quand je te dirai que lorsque j'entends un coup de sonnette, quand je reçois une lettre, quand je me réveille, j'ai peur... j'ai peur parce qu'il me faut vivre, parce que quelque chose peut changer dans ma vie, tandis qu'il ne peut rien y avoir de préférable au moment présent?

Je le croyais sur parole, sans le comprendre; j'étais heureuse, mais il me semblait que tout le monde l'était une fois en sa vie de la même manière que moi et que pourtant il existait un autre bonheur, qui n'était pas plus grand, sans doute, mais qui était autre.

Ainsi passèrent deux mois, puis vint l'hiver avec ses froids et ses chutes de neige, et peu à peu, bien que mon mari fût toujours avec moi, je commençai à me sentir seule, il me semblait que la vie se répétait; que je ne trouvais plus rien de nouveau en lui ou en moi et qu'au contraire nous revenions sans cesse sur nos pas.

Serguei Mikhaïlovitch consacrait à ses affaires plus de temps qu'auparavant, et je crus pour la seconde fois découvrir dans son âme un monde à part dans lequel il ne voulait pas me laisser pénétrer.

Son calme inaltérable m'agaçait. Mon affection pour mon mari n'avait pas diminué, son amour me rendait toujours aussi heureuse, mais mon sentiment ne gagnait plus en intensité, il restait stationnaire et je sentais poindre dans mon âme, à côté de l'amour, un nouveau désir qui m'inquiétait.

Le bonheur d'aimer ne me suffisait plus; j'en avais assez de cette vie paisible, il me fallait du mouvement, mon amour avait soif d'émotions, de dangers, de sacrifices.

J'avais un excédent de forces qui ne trouvait pas d'emploi dans notre calme existence, tantôt je tombais dans des crises d'ennui que je m'efforçais de cacher à Serguei Mikhaïlovitch, comme quelque chose de mauvais, tantôt j'étais prise d'accès de tendresse et de gaieté folles qui effrayaient mon mari.

Il s'aperçut avant moi de cet étrange état et me proposa de passer l'hiver à la ville; mais je le suppliai de ne rien changer à notre manière de vivre, de crainte de détruire notre bonheur.

En effet, j'étais heureuse; mais je souffrais de ce que ce bonheur ne me coûtait aucun effort, aucun sacrifice, tandis que s'agitaient en moi des forces qui réclamaient du travail et l'occasion de me dévouer.

J'aimais mon mari et je savais que j'étais tout pour lui; mais j'aurais voulu voir le monde entier s'opposer à mon amour pour qu'il triomphât de tous les obstacles. Mon esprit et mon cœur étaient satisfaits, cependant je sentais bouillonner en moi une sève de jeunesse, un besoin d'activité qui ne trouvait pas d'emploi.

Pourquoi m'a-t-il proposé d'aller à la ville si j'en ai envie? me demandai-je.

S'il ne m'avait pas fait cette offre, j'aurais peut-être compris que ces désirs fous qui me tourmentent sont un danger, et que le sacrifice que je réclame se présente à moi sous cette forme : étouffer tous ces sentiments troublants. Mais, malgré moi, l'idée qu'un séjour à la ville pourrait seul me sauver de l'ennui s'emparait de mon esprit, bien que j'eusse honte à la pensée que pour contenter mon caprice j'allais arracher Sergueï Mikhaïlovitch à tout ce qu'il aimait.

Au milieu de ces hésitations le temps passait, la neige couvrait notre maison d'une couche de plus en plus épaisse, et nous restions toujours entre nous, toujours les mêmes personnes en présence l'une de l'autre ; tandis que là-bas, dans l'éclat et le bruit des villes, des foules d'hommes vivaient, souffraient, disparaissaient sans se douter de notre existence qui coulait ignorée.

Je souffrais surtout de sentir que chaque jour la chaîne de l'habitude nous rivait plus solidement à cette vie monotone coulée dans un moule que rien ne pouvait changer, et que notre amour lui-même devenait l'esclave de cet ordre de choses paisible et immuable.

Ainsi le matin nous étions gais, au dîner nous prenions une attitude respectueuse et le soir appartenait à la tendresse.

Je pensais en moi-même : « Qu'une telle vie soit, comme il me le dit, bonne et honnête, je le veux bien, mais nous avons tout le temps de mener cette existence, tandis que nos forces actuelles réclament une autre vie. »

J'avais besoin de lutter, je voulais que ma vie fût inspirée par mes sentiments et non que mes sentiments fussent le résultat de ma manière de vivre.

J'aurais voulu prendre Serguei Mikhaïlovitch par la main, le conduire au bord d'un précipice et lui dire : — « Encore un pas, et je roule dans l'abîme ; un seul mouvement et je suis perdue, » — et que lui, tout pâle, me saisisse dans ses bras robustes, me soutienne au-dessus du gouffre jusqu'à ce que mon cœur se glace et qu'il m'emporte ensuite où bon lui semble.

Cet état moral influa sur ma santé, ébranlant mes nerfs.

Un matin, je me sentais plus agacée que de coutume, lorsque Serguei Mikhaïlovitch revint de sa tournée de campagne d'assez mauvaise humeur, ce qui lui arrivait rarement. Je le remarquai tout de suite et je lui demandai ce qui était arrivé ; mais il me répondit que cela ne valait pas la peine d'être raconté.

J'ai su plus tard ce qui avait causé son mécontement, l'ispravnick (le chef de la police rurale), qui était mal disposé pour mon mari, avait fait convoquer nos paysans pour exiger d'eux des redevances qu'il n'avait pas le droit de réclamer. Serguei Mikhaïlovich était vivement contrarié, mais ne voulait pas m'ennuyer du détail de ses affaires. Je crus qu'il ne voulait pas m'en parler parce qu'il me considérait comme une enfant incapable de comprendre ce qui l'intéressait.

Je me détournai sans rien dire et j'allai inviter Minitchna, qui était en visite à la maison, à prendre le thé avec nous. Mon déjeuner fut bientôt fini et j'emmenai mon amie dans le salon des divans où je me mis à bavarder avec elle de futilités dépourvues de tout intérêt.

Serguei Mikhaïlovich arpentait la chambre et, de temps en temps, nous jetait un regard en passant. Ce regard produisait un étrange effet sur moi, il me poussait à babiller et à rire toujours plus fort. Je riais de tout ce que je disais et des moindres propos de Marie Minitchna.

Mon mari, sans mot dire, entra dans son cabinet et en referma la porte.

Dès que je l'eus perdu de vue, toute ma gaieté s'évanouit; mon interlocutrice en fut étonnée et me demanda la cause de ce changement.

Sans lui répondre, je m'assis sur un divan et je fus prise d'une forte envie de pleurer.

Je me dis : « Pourquoi prend-il ses airs graves? Un rien lui semble une affaire d'état; et s'il me disait ce qu'il a, je lui prouverais tout de suite qu'il se chagrine à tort. Mais, monsieur croit que je ne le comprends pas. Il faut qu'il m'humilie avec son grand calme et qu'il ait toujours raison. Eh bien! moi aussi j'ai raison, quand je m'ennuie, de vouloir vivre, agir, et ne plus rester figée à la même place en sentant que les années s'envolent ! Je veux marcher en avant tous les jours, à toute heure ; je veux du nouveau, toujours du nouveau, et lui il n'a qu'un désir, rester à la même place et me tenir là, immobile... Et pourtant, s'il voulait ! Il n'aurait pas même besoin de m'emmener à la ville, il lui suffirait d'être simple dans sa conduite, ce qu'il n'est pas... Il me dit toujours d'être simple et lui-même ne m'en donne pas l'exemple !... Non, il n'est pas simple ! »

Je sentais que les larmes montaient de mon cœur et que j'étais très fâchée contre mon mari. Je fus effrayée de ce mouvement de colère et j'entrai dans le cabinet de Sergueï Mikhaïlovitch,

Il était assis à sa table et il écrivait. Il entendit mes pas, me regarda un instant d'un air indifférent et calme et se remit à son travail.

Ce regard m'irrita, et au lieu de m'approcher de Sergueï Mikhaïlovitch, je m'arrêtai près de sa table et je me mis à feuilleter un livre.

Il leva de nouveau les yeux et les dirigea sur moi.

— Macha! tu n'es pas de bonne humeur, dit-il.

Je répondis par un regard froid qui disait : A quoi bon ces questions ? je sais à quoi m'en tenir sur votre amabilité.

Il secoua la tête et me sourit tendrement.

Pour la première fois son sourire resta sans réponse.

— Qu'est-il arrivé aujourd'hui ? demandai-je. Pourquoi ne veux-tu pas me le dire ?

— Des bagatelles !... Un petit désagrément, répondit-il ; maintenant, je peux t'en parler... Deux moujiks sont allés à la ville...

Mais je l'interrompis :

— Pourquoi ne m'as-tu pas raconté tout cela ce matin, au thé, quand je t'ai questionné ?...

— J'aurais dit des sottises, j'étais très en colère.

— Mais c'est alors que j'avais envie de savoir ce qui s'était passé.

— Pourquoi?

— Et pourquoi ne crois-tu jamais que je puisse te donner un conseil?

— Mais je le crois! dit-il en posant sa plume. Je sais que je ne peux pas vivre sans toi. Non seulement tu es ma conseillère, mais c'est toi qui décide tout... A quoi rêves-tu donc? ajouta-t-il en riant... Je ne vis que par toi... C'est ta présence qui fait qu'ici tout me semble beau...

— Oui, je comprends, je suis une jolie enfant qu'il s'agit d'apaiser! répliquai-je d'un ton si étrange, qu'il me considéra d'un air étonné, comme s'il me voyait pour la première fois.

— Je ne veux pas de ton calme, continuai-je, tu en as assez pour nous deux...

— Eh bien! je vais t'expliquer toute cette affaire, dit-il précipitamment, sans doute pour m'empêcher d'exprimer ce que j'avais sur le cœur, ensuite tu me donneras ton opinion.

— Maintenant, je ne soucie plus de l'apprendre, répondis-je, bien qu'en réalité j'eusse une envie folle d'entendre cette histoire, mais j'avais un plaisir encore plus vif à troubler sa tranquillité ; je continuai :

— Je ne veux pas de ce semblant de vie, je veux vivre tout de bon, comme toi !...

Son visage, où toutes ses impressions se reflétaient si vivement, exprima la douleur et une attention forcée. Je repris :

— Je veux vivre comme ton égale... Je n'eus pas le courage de continuer en voyant combien je lui faisais de peine. Je me tus un instant.

— Mais en quoi n'es-tu pas mon égale ? demanda-t-il. Est-ce parce que c'est moi qui ai affaire avec l'ispravnik et les paysans ivres ?

— Ce n'est pas seulement en cela, répliquai-je.

— De grâce, reprit-il, comprends-moi, mon amie, je sais tout le tracas que donnent les affaires ; j'ai vécu assez longtemps pour apprendre à le connaître. Je t'aime et je désire t'épargner ce souci. Mon amour pour toi est toute ma vie, à mon tour je te dis : Ne m'empêche pas de vivre.

— Tu as toujours raison, lui dis-je sans le regarder.

J'étais mécontente de voir son âme de nouveau rassérénée et tranquille, tandis qu'en moi grondait le dépit et un sentiment voisin du repentir.

— Macha ! Qu'as-tu ? dit-il. La question n'est pas de savoir lequel de nous a raison... Qu'est-ce qui t'indispose contre moi ? Ne me réponds pas tout de suite, réfléchis, et confie-moi toutes tes pensées. Tu es fâchée contre moi et tu as sans doute des raisons pour m'en vouloir, mais montre-moi quels sont mes torts ?

Comment aurais-je pu lui ouvrir mon

cœur ? Le fait qu'il avait compris du coup que j'étais encore une enfant et que je ne pouvais rien faire sans qu'il devinât mes intentions m'irritait toujours plus.

— Je n'ai rien contre toi, m'écriai-je, je m'ennuie tout bonnement, et j'aimerais mieux ne pas m'ennuyer. Mais tu m'assures qu'il doit en être ainsi et naturellement tu as encore raison.

En prononçant ces mots je levai les yeux sur lui et je vis que j'avais atteint mon but, sa tranquillité s'était évanouie et tous ses traits exprimèrent le chagrin et l'effroi.

— Macha, dit-il d'une voix douce mais altérée. — Ce n'est plus une plaisanterie, c'est notre sort qui se décide. Je te prie de m'écouter avant de me répondre : Pourquoi tiens-tu à me tourmenter ?...

Je l'interrompis.

— Je sais d'avance que tu auras raison. Ne me dis plus rien, tu as raison, dis-je froidement comme si ce n'était pas moi mais l'esprit du mal qui parlait par ma bouche.

— Si tu savais ce que tu fais, dit-il d'une voix tremblante.

Je me mis à pleurer et je me sentis allégée. Il s'assit près de moi sans rien dire. Je le plaignais et j'avais honte de ma conduite, je n'osais pas le regarder. Il me semblait qu'il devait me considérer d'un air sévère et stupéfait, mais quand je rencontrai ses yeux, ils étaient fixés sur moi avec une expression douce et tendre qui semblait demander pardon.

Je pris la main de mon mari et je dis :

— Pardonne-moi ! Je ne savais pas ce que je disais.

— Oui, mais moi je le sais, et tu disais vrai.

— Mais que disais-je ?

— Que nous devons partir pour Saint-Pétersbourg, nous n'avons plus rien à faire ici maintenant.

— Ce sera comme tu voudras, répondis-je.

Il m'embrassa et me baisa les mains.

— Pardonne-moi, me dit-il, je suis bien coupable envers toi.

Le soir de ce même jour, je lui jouai tout mon répertoire pendant qu'il arpentait la chambre en se parlant à demi-voix selon son habitude.

Souvent, je lui demandais ce qu'il disait, et après un moment de réflexion, il me le répétait toujours ; la plupart du temps il se récitait des vers, quelquefois, il pensait tout haut, débitant des extravagances auxqcelles je reconnaissais son humeur du moment.

— Qu'est-ce que tu marmottes aujourd'hui ? lui demandai-je.

Il s'arrêta, réfléchit un instant, sourit et me redit doucement ces deux vers de Lermontoff :

> Et lui, l'insensé, demande un orage,
> Comme si dans l'orage on trouvait la paix.

— En vérité, me dis-je à moi-même, il est plus qu'un homme, il n'y a rien de caché pour lui, il sait tout! Comment ne l'aimerait-on pas?

Je me levai du piano, je pris son bras et je me mis à marcher à ses côtés en m'efforçant d'emboîter son pas.

— Oui ? fit-il interrogativement et il me regarda en souriant.

— Oui, murmurai-je.

Et subitement, nous fûmes saisis tous les deux d'un accès de gaieté folle ; nos yeux riaient et nos pas s'allongeaient démesurément, toujours plus grands et de plus en plus sur la pointe du pied.

Et de ce pas de géant, au grand scandale de Grégori et à l'étonnement de ma belle-mère, qui faisait une patience au salon, nous enfilâmes toutes les pièces jusqu'à la salle à manger où nous nous arrêtâmes, et après nous être regardés dans les yeux, nous partîmes d'un éclat de rire joyeux.

Deux semaines plus tard nous étions à Saint-Pétersbourg pour les fêtes.

II

Le voyage, une semaine à Moscou, la route, les villes inconnues, l'arrivée à Saint-Pétersbourg, les visites à nos parents, l'installation dans notre nouvel appartement, les visages étrangers, tout cela passa comme un rêve. C'était si varié, si nouveau, si gai, si chaudement éclairé par sa présence, par son amour, que notre vie paisible à la campagne me fit l'effet d'une chose passée depuis très longtemps et tout à fait insignifiante.

A mon grand étonnement, au lieu de la froideur et de l'accueil hautain que je m'attendais à trouver dans le monde, je fus reçue partout avec une cordialité si franche et si démonstrative, qu'il semblait que tous mes nouveaux amis n'attendaient que moi pour être tout à fait heureux. Je rencontrai cet empressement affable non seulement chez mes parents, mais auprès de personnes qui m'étaient complètement étrangères.

De même mon mari retrouvait à chaque instant de la manière la plus imprévue beaucoup d'amis dont il ne m'avait jamais parlé; et ce qui me surprit et me déplut beaucoup, il portait souvent des jugements très sévères sur des personnes qui me paraissaient la bonté même.

Je m'étonnais de lui voir traiter sèchement ou éviter beaucoup de gens qui me plaisaient. Il me semblait que plus on connaît de personnes aimables, mieux cela vaut, et ils étaient tous meilleurs l'un que l'autre.

Avant notre départ de la campagne, Serguei Mikhaïlovitch m'avait dit:

— Veux-tu savoir comment nous nous installerons à Saint-Pétersbourg? Ici nous passons pour de petits crésus et là-bas nous serons parmi les plus pauvres ; voilà pourquoi nous ne devons pas rester là plus tard que Pâques, et il faudra nous abstenir d'aller dans le monde, autrement nous serons dans l'embarras ; puis j'aimerais mieux pour toi que...

— A quoi bon aller dans le monde ! m'écriai-je, nous irons un peu au théâtre, nous entendrons de la bonne musique à l'Opéra, nous ferons quelques visites à nos plus proches parents, et avant Pâques nous serons de retour à la campagne.

Mais nous étions à peine débarqués à Saint-Pétersbourg que tous ces plans furent oubliés. Je me trouvais transportée subitement dans un monde de plaisir tout nouveau pour moi, je fus aussitôt entraînée par ce joyeux tourbillon, et tant d'intérêts, ignorés jusque là, s'offrirent à moi, que du coup j'oubliai tout mon passé et, sans m'en rendre compte, je renonçai à tous les plans que j'avais longuement caressés autrefois. « Tout ce que j'ai connu jusqu'ici, me disais-je, n'était qu'enfantillage ! Ceci c'est la vraie vie et elle ne fait que commencer ! Qui sait ce que l'avenir me réserve encore ? »

C'est ainsi que je raisonnais. L'inquiétude et le commencement d'ennui qui me tourmentaient à la campagne s'évanouirent comme par enchantement. Mon amour pour mon mari devint plus calme et il ne me vint plus à l'idée de me demander s'il m'aimait moins.

Comment douter de sa tendresse quand il devinait toutes mes pensées, partageait tous mes sentiments et prévenait mes moindres désirs ?

Son calme avait disparu ou tout au moins ne m'agaçait plus, puis je sentais que dans ce nouveau milieu j'étais non moins aimée et beaucoup plus admirée.

Souvent, au retour d'une visite, après une présentation ou lorsque j'avais du monde à la maison, et qu'intérieurement je tremblais à la pensée que je ne saurais pas m'acquitter de mes devoirs de maîtresse de maison, il me disait :

— Bravo, ma fille, du courage... je t'asssure que tu t'en tires très bien !

Et j'étais tout heureuse.

Peu après notre arrivée il écrivit à sa mère et m'appela pour apostiller la lettre en refusant de me laisser lire, mais j'insistai jusqu'à ce qu'il me l'abandonna.

Il disait à sa mère : « Vous ne reconnaîtriez pas Macha, moi-même je ne la reconnais pas. Où a-t-elle pris cette noble et gracieuse assurance, cette affabilité, cette bonté et cet esprit du monde ? Et toutes ces qualités sont chez elles si simples, si naturelles accompagnées de tant de cœur. Tout le monde est enchanté d'elle ici, moi-même je ne peux pas assez l'admirer et, si c'était possible, je l'aimerais encore plus. »

« Comment, cette femme, c'est moi ! » pensai-je, et je fus prise d'une gaieté folle, il me sembla que je n'avais jamais autant aimé mon mari.

J'étais bien loin de m'attendre au succès que j'obtins auprès de tous nos parents. De tous côtés on me disait tantôt que mon oncle était enchanté de moi, que ma tante ne parlait plus que de moi, tantôt on déclarait qu'on ne trouverait pas ma pareille dans tout Saint-Pétersbourg, enfin une autre dame m'assurait que je n'avais qu'à le vouloir pour devenir la plus exquise de toutes les mondaines.

Une cousine de mon mari, la princesse D... une femme du monde déjà sur le retour, se déclara amoureuse de moi et me débita tant de compliments flatteurs qu'elle acheva de me tourner la tête.

Lorsque cette cousine m'invita au bal pour la première fois, elle s'adressa directement à mon mari. Serguei se tourna vers moi et d'un air sournois avec un fin sourire, il me demanda :

— As-tu envie d'aller au bal ?

J'acquiesçai d'un mouvement de tête et je sentis que je devenais toute rouge.

— N'a-t-elle pas l'air d'une criminelle qui fait ses aveux ? s'écria-t-il avec un rire bienveillant.

— Tu as dit que nous ne devons pas aller dans le monde et que tu ne l'aimes pas, répondis-je avec un sourire tout en l'implorant du regard.

— Si tu en as une grande envie, nous irons, répondit-il.

— Non, restons à la maison, cela vaudra peut être mieux...

— Tu as envie d'y aller ? Dis ? Une bien grande envie ? me demanda-t-il de nouveau.

Je ne répondis pas.

— Aller dans le monde n'est pas encore un grand malheur, dit-il... mais les désirs mondains non satisfaits, voilà ce qui est mauvais et dangereux... Eh bien ? tu iras à ce bal, il le faut, dit-il d'un ton décidé.

— A vrai dire, m'écriai-je, j'en ai une envie

folle !... jamais rien ne m'a fait plus envie !...

Je suis allée à ce bal et il a dépassé, toutes mes espérances. Là, j'ai eu encore plus qu'auparavant l'impression que j'étais le centre autour duquel tout gravite ; il me semblait que c'était en mon honneur que cette salle était si brillamment éclairée, que l'orchestre jouait, et que toute cette foule d'invités était venue pour m'admirer.

Depuis mon coiffeur et ma femme de chambre jusqu'à mes danseurs, sans oublier les hommes âgés qui ne faisaient que traverser la salle, tous semblaient vouloir me déclarer ou me faire entendre qu'ils étaient amoureux de moi.

Ma cousine me rapporta le verdict qui fut prononcé sur mon compte; on trouvait que je ne ressemblais pas aux autres femmes, que j'avais un certain quelque chose de simple, de charmant, de frais qui rappelait la campagne.

Ce succès me flatta au point que j'avouai franchement à mon mari que je désirais aller encore à deux ou trois bals cet hiver. — « Pour en être tout à fait rassasiée » — ajoutai-je hypocritement en cherchant à me faire illusion à moi-même.

Serguei Mikhaïlovitch consentit de bon cœur et les premiers temps m'accompagna dans le monde avec un plaisir réel ; il était fier de mes succès et semblait avoir complètement oublié ses projets d'autrefois ou les avoir mis de côté...

Mais bientôt il commença à s'ennuyer et cette vie lui devint insupportable. J'étais trop préoccupée d'autres choses pour y prendre garde, et lorsqu'il m'arrivait de rencontrer son regard sérieux et profond qui me posait une muette interrogation, je ne comprenais plus ce qu'il voulait me dire.

Les attentions dont j'étais l'objet de toutes parts, l'atmosphère nouvelle de luxe et de plaisirs élégants que je respirais pour la première fois, avaient embrouillé toutes mes idées. Je n'avais plus ce sentiment de la supériorité de mon mari qui m'accablait à la campagne, j'éprouvais dans le monde l'agréable persuasion que non seulement j'étais l'égale de Serguéï, mais qu'en certaines choses je le surpassais, et en même temps mon amour pour lui s'affirmait avec plus d'indépendance et d'intensité. Aussi m'était-il impossible de saisir ce qui pouvait lui déplaire dans la vie mondaine.

Je ne pouvais me défendre d'un sentiment d'orgueil et de satisfaction en voyant, lorsque je faisais mon entrée au bal, tous les yeux se tourner vers moi, et mon mari, comme s'il avait honte d'avouer devant cette foule que je lui appartiens, se hâter de me quitter pour s'effacer dans la masse noire des habits.

« Attends, me disais-je souvent en moi-même, en cherchant des yeux à l'autre bout de la salle sa physionomie généralement ennuyée, — attends ! à notre retour à la campagne tu comprendras pour qui je suis heureuse d'être belle, et ce que j'aime dans tout ce qui m'entoure ce soir. »

Et je croyais de bonne foi que tous mes succès ne me faisaient plaisir que parce que je pourrais un jour les lui sacrifier.

Le seul danger que j'aurais pu redouter dans cette vie mondaine était la possibilité de me laisser entraîner par quelqu'un de ces jeunes gens que je rencontrais dans le monde et d'exciter la jalousie de mon mari ; mais il témoignait une si grande confiance en moi, il était si calme et si indifférent, et tous ces jeunes gens me semblaient d'une telle insignifiance auprès de lui, que cet unique danger ne me semblait pas bien redoutable.

Cependant les attentions de tous ces jeunes gens du monde me faisaient plaisir, chatouillaient mon amour-propre et me portaient à me faire un mérite de l'amour que j'avais pour mon mari ; aussi ma manière d'être avec lui s'en ressentait, devenait plus assurée et même un peu négligente.

Un soir en revenant du bal, j'allais jusqu'à lui dire en le menaçant du doigt :

— Ah! ah! j'ai vu avec quelle animation tu as parlé ce soir avec Mᵐᵉ N...

Je nommai une dame très connue à Saint-Pétersbourg. Je lui avais lancé cette pointe pour piquer son attention, car il était taciturne et maussade.

— Ah! pourquoi as-tu dis cela, Macha! Et comment le dis-tu?

Il prononça ces mots entre les dents et fit une grimace comme s'il ressentait une douleur physique. Il continua :

— Laisse ces propos à d'autres, entre toi et moi ils ne conviennent nullement. Ces manières d'être ne peuvent qu'altérer nos anciens et véritables rapports et j'espère qu'ils ne tarderont pas à renaître.

J'eus honte de ma conduite et je me tus.

— Reviendront-ils, Macha? Dis, qu'en penses-tu?

— Nos rapports n'ont pas changé et ils ne changeront pas.

J'étais sincère en parlant ainsi à ce moment.

— Que Dieu le veuille ! dit-il, car il est bien temps de retourner à la campagne.

Il ne me parla qu'une fois sur ce ton, d'habitude il avait l'air aussi gai et aussi content que je l'étais moi-même.

Je me dis simplement : « S'il s'ennuie quelquefois, ne me suis-je pas ennuyée pour lui à la campagne ? Si nos rapports se sont légèrement modifiés ils redeviendront ce qu'ils étaient dès que nous nous retrouverons seuls avec sa mère à Nicolskoë. »

Ainsi passa l'hiver et, contrairement à nos intentions, nous restâmes à Saint-Pétersbourg pour les fêtes de Pâques. Nous nous proposions de partir après la semaine sainte, nos effets étaient empaquetés, et mon mari, qui faisait des emplettes pour rapporter des cadeaux à tout le monde et se pourvoir des objets dont on avait besoin à la campagne, était de la plus joyeuse humeur.

Au moment où nous nous y attendions le moins, ma cousine nous surprit et nous supplia de remettre notre départ, pour assister au raout de la comtesse R... Elle dit que la comtesse R... tenait tout particulièrement à m'avoir, qu'un prince royal, M... de passage à Saint-Pétersbourg, m'avait remarquée au bal et qu'il désirait faire ma connaissance. Il viendrait au raout exprès pour me voir, car il déclarait que j'étais la plus jolie femme de toute la Russie.

— Tout Pétersbourg serait à ce raout, continua ma cousine, et elle ajouta que si je n'y étais pas, la partie serait manquée.

Mon mari parlait avec quelqu'un à l'autre bout du salon.

— N'est-ce pas, Marie, vous viendrez? insista ma cousine.

— Nous avions l'intention de partir après-demain pour retourner à la campagne, répondis-je d'un air indécis en regardant mon mari.

Nos yeux se rencontrèrent, il se détourna vivement.

— J'irai le prier de rester, reprit ma cousine, et samedi nous irons au raout, pour tourner la tête au prince. N'est-ce pas ?

— Cela dérange nos plans, nos paquets sont faits, dis-je en faiblissant déjà.

— Ne serait-ce pas plus simple qu'elle aille ce soir au-devant du prince pour lui faire sa révérence ? demanda tout à coup mon mari de l'autre bout du salon.

Son ton, bien que contenu, laissait percer une surexcitation que je ne lui avais jamais connue.

— Ha ! ha ! ha ! Il est jaloux ! dit la cousine en éclatant de rire... Mais ce n'est pas pour le prince, mais pour nous que je prie Marie de rester... Si vous saviez combien la comtesse R... tient à ce qu'elle vienne !

— C'est à elle de décider, répondit Serguey

Mikhaïlovitch d'un air froid, et il sortit de la chambre.

Je compris qu'il était contrarié et hors de son assiette, j'en fus chagrinée et je ne pris aucun engagement avec ma cousine. Dès qu'elle m'eut quittée je rejoignis mon mari.

Il arpentait la chambre en tous sens, plongé dans ses réflexions; j'entrai sur la pointe des pieds sans qu'il s'en aperçut.

« Il se croit déjà dans notre chère maison de Nicolskoë, me dis-je en le regardant... Il se voit le matin dans notre salon bien gai, prenant son café, il retrouve ses champs, ses moujiks et nos douces soirées dans le salon des divans et nos soupers nocturnes et clandestins...

— Non !... je donnerais tous les bals du monde, et les compliments de tous les princes de la terre pour son trouble joyeux, pour ses tendres et calmes caresses ! »

J'allais lui dire que je ne voulais pas aller au raout, que je préférais partir pour la campagne, lorsqu'il m'aperçut ; son visage se renfrogna et perdit son expression affectueuse et pensive. De nouveau je crus lire dans son regard un calme protecteur et la conscience de sa sagesse et de sa pénétration.

Il ne veut pas se résigner à paraître devant moi comme un simple mortel, il faut toujours qu'il pose et se montre comme un demi-dieu sur un piédestal.

— Qu'est-ce que c'est, mon amie? me demanda-t-il de son ton calme, en se tournant négligemment vers moi.

Je ne répondis pas. J'étais furieuse, qu'avait-il besoin de se draper devant moi au lieu de se montrer tel que je l'aimais?

Il répéta :

— Tu désires aller à ce raout?

— J'aurais aimé, répondis-je, mais du moment que cela ne te plaît pas... Puis tous nos effets sont emballés...

Jamais il ne m'avait parlé si froidement, ni regardé de cet air glacial.

— Je ne partirai pas avant mardi et je donnerai l'ordre de déballer, dit-il, ainsi rien ne t'empêche d'aller à ce raout... vas-y, ne te gêne pas... Je t'attendrai.

Selon son habitude lorsqu'il était émotionné il se mit à marcher d'un pas inégal et sans faire attention à moi.

— Je ne te comprends pas, repris-je en le suivant des yeux, tu dis que tu es toujours calme (il n'avait jamais rien dit de semblable). Pourquoi me parles-tu d'un air si drôle? Je suis toute prête à te faire le sacrifice de ce plaisir, et toi, d'un ton ironique, que je ne te connaissais pas encore, tu exiges que j'aille à ce raout?

— Eh quoi! tu fais des *sacrifices* (il appuya sur ce mot), et moi aussi j'en ai fait des sacrifices. Que te faut-il de plus? C'est une lutte de générosité ! Quel autre bonheur conjugal peut-on souhaiter?

Pour la première fois je l'entendais prononcer des paroles aussi acerbes et dures. Ces sarcasmes, au lieu de me faire rentrer en moi-même, ne firent que m'exaspérer; son irritation, loin de m'intimider, finit par me gagner.

Etait-ce bien lui, toujours si sincère et si simple dans nos rapports, lui, qui par-dessus tout redoutait les phrases, était-ce lui qui me parlait ainsi? Et pourquoi? Parce que j'étais toute prête à lui faire le sacrifice d'un plaisir auquel je ne voyais aucun mal? ou parce qu'une minute auparavant je pénétrais si profondément dans son âme, et je me sentais tant d'amour pour lui?

« Maintenant, nos rôles sont intervertis, pensai-je, c'est lui qui épluche les paroles les plus simples et les plus franches et c'est moi qui ne veux plus de phrases! »

— Tu as beaucoup changé, lui dis-je avec un soupir; — En quoi suis-je coupable devant toi? Ce n'est pas ce raout qui te fâche, tu dois avoir quelque chose d'autre contre moi. Pourquoi ne me parles-tu pas franchement?

n'est-ce pas toi qui redoutais toujours si fort le manque de sincérité ? Eh bien ! dis-moi ouvertement, qu'as-tu à me reprocher?

« Je veux voir ce qu'il me répondra ! me dis-je à part moi ; j'étais très contente de moi-même, ayant l'intime persuasion qu'il ne trouverait rien à reprendre dans ma conduite pendant cet hiver.

Je me tins debout au milieu de la chambre pour l'obliger à passer près de moi, et je le regardai venir.

« Il va s'approcher de moi, me disais-je, il m'embrassera et tout sera fini ! » Je ne pus me défendre d'un regret à la pensée que je laissais échapper une si bonne occasion de le convaincre de ses torts.

Au lieu de s'avancer, il s'arrêta à l'autre bout de la chambre et son regard se fixa sur moi:

— Tu ne comprends toujours pas? me demanda-t-il?

— Non !

— Eh bien! alors je m'expliquerai. J'ai le dégoût, pour la première fois, j'ai le dégoût de ce que je sens et de ce que je ne peux m'empêcher de sentir!...

Il se tut, évidemment effrayé lui-même des dures inflexions que prenait sa voix.

— Mais qu'est-ce qui te dégoûte? demandai-je, avec des larmes d'indignation dans les yeux.

— J'ai le dégoût de voir que le prince te trouve jolie et que pour cette raison tu cours au-devant de lui, oubliant ton mari et ta dignité de femme; et que tu ne veux pas comprendre tout ce que doit ressentir ton mari lorsque toi-même tu t'oublies et tu perds le sentiment de ta dignité! Bien loin de là, c'est toi qui viens dire à ton mari que tu es prête à lui *faire des sacrifices,* c'est-à-dire: « c'est un grand bonheur pour moi de pouvoir me montrer à Son Altesse, mais je te sacrifie ce bonheur! »

A mesure qu'il parlait, le son de sa voix

l'excitait davantage, et cette voix résonnait tranchante et sarcastique. Je n'avais pas encore vu mon mari dans un pareil état et je n'aurais jamais cru qu'il pût me parler ainsi. Le sang afflua vers mon cœur, j'eus peur, mais en même temps le sentiment d'une injure imméritée, et de mon amour-propre froissé me poussèrent à la révolte, je résolus de me venger.

— Il y a longtemps que je m'attendais à cela, lui dis-je, parle, parle.....

— Je ne sais à quoi tu t'attendais, continua-t-il, — mais moi je pouvais m'attendre à tout, en te voyant t'enfoncer chaque jour davantage dans cette fange d'oisiveté, de luxe et de mondanité, et je ne me suis pas trompé..... Me voilà arrivé aujourd'hui à ce point que j'ai eu honte et que j'ai eu mal comme jamais encore..... Oui, j'ai souffert et comment ! quand ton amie de ses mains malpropres a fouillé dans mon cœur et m'a parlé de jalousie..... moi jaloux, et de qui? D'un homme que ni toi, ni moi nous ne connaissons..... Et toi, on dirait que tu le fais exprès, tu ne me comprends pas et tu viens parler de sacrifices ?.... Mais qu'est-ce que tu me sacrifies ;... J'ai eu honte pour toi, honte de ton humiliation.... victime !

« Ah ! voilà le pouvoir du mari ! pensai-je. Il a le droit d'outrager et d'humilier une femme qui n'a rien à se reprocher... Voilà les droits du mari... Non, je ne me soumettrai pas ! »

— Non ! repris-je à haute voix, je ne te ferai pas de sacrifice. — Je sentais que mes narines se dilataient et que le sang abandonnait mes joues. — J'irai samedi au raout de la comtesse, et je me garderais bien d'y manquer !

— Eh bien ! que le bon Dieu te donne beaucoup de plaisir ; mais entre nous tout est fini !

Il cria ces mots dans un accès de fureur qu'il ne pouvait plus maîtriser.

— Non, tu ne me tourmenteras plus, continua-t-il, j'étais un imbécile en...

Ses lèvres tremblèrent, il fit un violent effort sur lui-même pour retenir le reste de sa phrase.

A ce moment je le craignais et je le détestais. J'aurais voulu lui dire beaucoup de choses et me venger de toutes ses injures, mais si j'avais ouvert la bouche, j'aurais éclaté en larmes et je me serais ainsi humiliée devant lui.

Sans prononcer une parole je sortis de la chambre. Mais à peine eus-je cessé d'entendre le bruit de ses pas, que j'envisageai avec terreur ce qui venait de se passer. J'eus peur que notre union fût peut-être brisée pour toujours, cette union qui faisait tout mon bonheur, et je voulus retourner vers mon mari.

« Pourtant, me dis-je, qui sait, s'il sera déjà assez calme pour me comprendre quand je lui tendrai la main et que je le regarderai ? Comprendra-t-il ma magnanimité ? et s'il pense que ma douleur est feinte ? Ou s'il accepte mon repentir avec la conscience de son droit et me pardonne du haut de son orgueil serein? Et pourquoi cet homme que j'ai tant aimé m'a-t-il si violemment outragée? »

Je me suis retirée dans ma chambre où je suis restée longtemps, toute seule, à pleurer, me répétant avec horreur chaque parole qui avait été prononcée pendant cette scène. A ces mots j'en substituais d'autres, de bonnes paroles, puis de nouveau je me rappelais l'horrible réalité et je me sentais outragée.

Quand vint le soir, je descendis pour le thé, je revis mon mari en présence de M. S..., notre hôte ce jour-là; en revoyant Sergueï Mickhaïlovitch je sentis qu'un abîme s'était ouvert entre nous.

Notre invité me demanda quand nous pensions partir? Avant que j'eusse le temps de répondre mon mari répliqua:

— Nous partirons mardi, nous avons encore un raout chez la comtesse R..... — Tu penses y aller, n'est-ce pas? dit-il en se tournant vers moi.

J'eus peur de ces paroles, si simples cependant, je levai les yeux sur mon mari et rencontrai son regard attaché sur moi, il était mauvais et moqueur, sa voix égale et froide.

— Oui, répondis-je.

Après le départ de notre hôte il s'approcha de moi, me tendit la main et s'écria :

— Oublie, je t'en prie, ce que je t'ai dit ce matin.

Je pris sa main : un sourire trembla sur mes lèvres et mes larmes allaient couler, lorsqu'il retira ses doigts, et comme s'il redoutait une scène sentimentale, s'assit dans un fauteuil assez loin de moi.

« Est-ce qu'il se croit toujours dans ses droits? » pensai-je, et l'explication que j'avais méditée et ma prière de ne point aller à ce raout s'arrêtèrent sur ma langue.

— Il faut écrire à maman que nous avons

remis notre départ, dit-il, car elle pourrait être inquiète.

— Et quand penses-tu partir ?

— Mardi, après le raout, répondit Serguéï.

— J'espère que tu ne restes pas pour moi ? repris-je, et mes yeux cherchèrent les siens, mais ils ne me dirent rien, ils étaient voilés pour moi.

Son visage me parut tout à coup vieilli et désagréable.

Nous avons assisté au raout; nos rapports étaient redevenus en apparence bons et affectueux, mais ce n'était plus comme par le passé.

Je me trouvai chez la comtesse R.... assise avec d'autres dames, lorsque le prince s'avança vers moi; je dus rester debout pour lui parler, ainsi le voulait l'étiquette; comme je me levai pour répondre à son salut, mes yeux cherchèrent involontairement mon mari; je vis qu'il m'observait depuis l'autre bout du salon et qu'il se détourna.

Je ressentis tout à coup un sentiment de honte et un malaise tels, que je devins terriblement confuse et je sentis sous les regards du prince le rouge monter à mon visage et envahir mon cou. Il fallait, malgré mon embarras, écouter ce qu'il me disait en me regardant de haut.

Notre conversation ne fut pas longue, il n'y avait pas de place libre près de moi et il s'aperçut sans doute que je ne me sentais pas à mon aise devant lui. Nous causâmes du bal de la semaine précédente, de la campagne où je devais passer l'été et d'autres choses indifférentes.

En prenant congé de moi, il exprima le désir de faire la connaissance de mon mari et, peu après, je vis qu'ils s'abordaient à l'autre extrémité de la salle et qu'ils entraient en conversation. Le prince fit sans doute allusion à moi car à un moment donné il tourna la tête de mon côté en souriant.

Mon mari devint très rouge, s'inclina très

profondément et s'éloigna avant même que le prince l'eut congédié. Je rougis de nouveau, j'avais honte de penser que le prince avait dû se faire une mauvaise idée de moi et surtout de mon mari.

Il me semblait que tout le monde avait dû remarquer ma timidité et ma gaucherie ainsi que l'attitude de mon mari envers le prince. Comment se l'expliquerait-on ? Tout le monde devinerait-il ma discussion avec Serguéï Mikhailovitch.

Ma cousine me ramena chez moi et, chemin faisant, la conversation tomba sur mon mari. Je n'y pus pas tenir et je me mis à lui raconter la scène qui avait eu lieu à cause de ce malheureux raout. Elle me rassura en disant que ces brouilles étaient très fréquentes entre mari et femme, et qu'elles passaient sans laisser de traces ; puis elle m'expliqua à sa manière le caractère de mon mari, en disant qu'il était devenu très fier et peu communicatif; je me rangeai à son opinion et il me sembla que je comprenais mieux mon mari et que je le jugeais plus calmement.

Cependant lorsque je me retrouvai en tête à tête avec Serguei Mikhaïlovitch, les appréciations que j'avais portées sur lui pesèrent sur ma conscience comme un crime, et je sentis que l'abîme qui nous séparait s'était encore élargi !

III

A partir de ce jour notre vie et nos rapports changèrent du tout au tout : le tête-à-tête perdit de son charme ; il y avait des sujets que nous évitions, et en présence d'un tiers nous causions plus librement qu'à nous deux. Dès qu'il était question de bals ou de la vie de la campagne, nous nous sentions mal à l'aise, et nos yeux se détournaient avec affectation pour ne point se rencontrer.

On eût dit que nous sentions très bien où commençait l'abîme qui nous séparait et que nous avions peur de nous en approcher. J'étais persuadée que mon mari était orgueilleux et colère, et qu'il fallait beaucoup de circonspection pour ménager ses faiblesses. Lui de son côté croyait de bonne foi que je ne pouvais vivre hors du monde; que la vie de la campagne ne me convenait pas, et qu'il était de son devoir de tenir compte de mes goûts.

Tous deux nous évitions de nous expliquer franchement à ce sujet, et nous nous trompions dans nos jugements réciproques. Le temps était passé où il était à mes yeux le plus parfait des hommes, où j'étais pour lui la meilleure entre toutes les femmes, nous nous livrions à des comparaisons et nous jugions mutuellement en secret.

Avant le jour fixé pour notre départ, je tombai malade, et au lieu de retourner à Nicolskoë, nous nous installâmes pour l'été dans une villa aux environs de Saint-Pétersbourg. Il fut décidé que Serguei Mikhaïlovitch irait seul passer quelque temps auprès de sa mère. Lorsqu'il partit, j'étais déjà suffisamment remise pour pouvoir l'accompagner, mais il me conseilla de n'en rien faire à cause de mon état de santé. Je compris qu'il craignait de me voir m'ennuyer là-bas, et sans insister davantage je pris mon parti de rester.

En son absence la vie me sembla vide et je souffris de mon isolement, mais à son retour je remarquai que ce n'était plus comme autrefois, maintenant il n'ajoutait rien à mon existence. Notre intimité de jadis, alors qu'une pensée que je ne lui avais pas communiquée pesait sur mon cœur comme un crime, quand tous ses faits et gestes et ses moindres paroles me semblaient un modèle de perfection, quand enfin il nous suffisait de nous regarder pour éclater de rire comme des fous — cette intimité avait disparu, nos rapports s'étaient modifiés insensiblement de telle sorte que nous n'avions pas remarqué quand ni comment ce changement s'était accompli.

Nous avions l'un et l'autre nos intérêts particuliers que nous n'essayions même plus de mettre en commun.

Bientôt nous cessâmes de trouver mauvais que chacun de nous eût son monde à part, étranger à l'autre ; nous nous y sommes si bien habitués qu'au bout d'un an nous en étions venus à nous regarder dans les yeux sans aucun embarras, tout en ayant chacun une préoccupation différente.

Serguei Mikhaïlovitch avait perdu ses accès d'enfantillage et de gaieté, ainsi que cette aménité qui le portait à excuser tout le monde et toutes choses, et cette indifférence pour ce qui n'était pas nous, qui m'indignait autrefois. Je ne rencontrais plus en levant les yeux sur lui ce regard profond qui, dans les premiers temps de mon mariage, me remplissait de trouble et de bonheur ; il ne nous arrivait plus de prier ensemble, ni de partager nos enthousiasmes; à vrai dire nous nous voyions très peu, il était toujours par voies et par chemins depuis qu'il ne craignait plus de me laisser seule, moi j'étais toujours dans le monde où je me passais très bien de lui.

Il n'y avait plus de scènes entre nous ni de brouilles ; je m'efforçais de le contenter et il s'empressait de satisfaire tous mes désirs ; en un mot nous avions l'air de nous aimer.

Lorsqu'il nous arrivait de rester seuls, ce qui était fort rare, je ne ressentais plus en la présence de mon mari ni joie, ni émotion, ni trouble, c'était comme si j'étais toute seule. Je savais très bien qu'il était mon mari et non pas le premier venu, ni un étranger, mais mon mari, que je connaissais comme moi-même. J'étais sûre de savoir d'avance tout ce qu'il ferait, tout ce qu'il dirait, et jusqu'à la manière dont il me regarderait ; et s'il agissait autrement que je ne l'avais prévu il me semblait qu'il s'était trompé.

Seulement dans nos moments de tendresse calme et modérée, je sentais mon cœur se serrer, je comprenais que tout n'était pas comme cela devrait être entre nous, et je croyais lire le même sentiment dans ses yeux.

Il y avait maintenant à notre tendresse une limite qu'il ne voulait pas dépasser, et que moi, je ne pouvais plus franchir. Quelquefois cette pensée m'attristait, mais je n'avais pas le temps de me livrer à mes réflexions, et je m'efforçais d'oublier le chagrin que me causait ce changement dans nos rapports au milieu des distractions qui s'offraient sans cesse à moi.

Jamais je ne restais seule, car je craignais d'analyser l'état de mon âme. D'ailleurs tout mon temps, depuis le matin jusque tard dans la nuit, était rempli, même lorsque je n'allais pas dans le monde. Cette vie ne me paraissait ni gaie ni ennuyeuse, je pensais qu'elle devait être ainsi et durer toujours.

Trois ans se passèrent de cette manière et mes relations avec mon mari restèrent au même point, comme si elles s'étaient figées et ne pouvaient ni s'améliorer ni empirer.

Dans cet espace de temps, deux grands événements survinrent dans notre famille sans apporter aucune modification à ma manière de vivre, ce fut d'abord la naissance de mon premier enfant, ensuite la mort de la mère de mon mari.

Le sentiment maternel s'empara de moi avec une telle violence, me jeta dans un tel ravissement, que je crus qu'une vie nouvelle s'ouvrait devant moi; mais au bout de deux mois, lorsque je pus retourner dans le monde, ce sentiment s'affaiblit peu à peu et devint une habitude, un devoir calmement accompli.

Mon mari, au contraire, depuis la naissance de notre fils aîné, reprit sa vie paisible et casanière et reporta sur l'enfant sa tendresse et sa gaieté.

Souvent, lorsque j'entrais en toilette de bal dans la chambre de l'enfant pour l'embrasser et faire le signe de la croix sur son front avant de partir, je trouvais son père auprès de la couchette et je croyais lire un reproche dans le regard de Serguei Mikhaïlovitch. Un remords me prenait, j'avais honte de mon indifférence pour mon fils et je me demandais si je ne suis pas plus mauvaise que les autres femmes ?

« Mais que dois-je faire ? pensais-je, j'aime mon enfant, mais je ne peux pourtant pas rester éternellement près de lui, je m'ennuierais, et je ne veux pas feindre, jamais... »

La mort de ma belle-mère fut un grand chagrin pour Serguéï Mikhaïlowitch ; il déclara qu'il lui serait pénible de vivre à Nicolskoë sans elle.

Quant à moi, je pris part à la douleur de mon mari, mais au fond je me trouvais plus à mon aise à la campagne depuis que j'étais la maîtresse de la maison.

Nous passâmes la plus grande partie de ces trois années à la ville et nous ne fûmes qu'une fois à Nicolskoë pour un séjour de deux mois.

A la fin de la troisième année, nous partîmes pour l'étranger et restâmes tout l'été dans une ville d'eaux.

J'avais alors vingt-et-un ans ; notre fortune

devait être dans un état florissant, à ce qu'il me semblait. Je ne demandais pas à la vie de famille plus qu'elle ne me donnait ; toutes les personnes que je connaissais paraissaient m'aimer ; ma santé était satisfaisante ; mes toilettes se faisaient remarquer parmi les plus élégantes de l'endroit ; j'avais conscience de ma beauté ; le temps était admirable, une atmosphère d'élégance et de luxe m'entourait, je me sentais très heureuse et pleine de gaieté.

Ce n'était pourtant pas cette douce gaieté que j'avais connue autrefois à Nicolskoë, quand je portais en moi-même la cause de mon bonheur, quand je sentais que j'étais heureuse parce que j'avais mérité le bonheur et que ce bonheur déjà si grand deviendrait encore plus complet, car je voulais qu'il augmentât toujours, toujours... Non, ce que je ressentais maintenant n'était rien auprès de ce bonheur... Cependant j'étais contente.

Je ne souhaitais rien, je n'espérais rien de plus, je ne redoutais rien, ma vie me semblait complète et ma conscience était tranquille.

Parmi tous les jeunes gens qui se trouvaient dans cette ville d'eaux, pas un ne se distinguait des autres à mes yeux, je les mettais tous sur la même ligne que notre ambassadeur, le vieux prince K..., qui me faisait la cour.

L'un était jeune, l'autre vieux, celui-ci un Anglais blond, celui-là un Français avec une barbiche, tous m'étaient également indifférents et également nécessaires.

C'étaient des personnages insignifiants qui servaient néanmoins à former cette joyeuse atmosphère qui m'entourait.

Un seul d'entre eux. D... un marquis italien, attirait plus particulièrement mon attention par l'audace avec laquelle il exprimait son admiration. Il ne manquait aucune occasion d'être près de moi, de causer avec moi, de m'accompagner à cheval à la promenade, de me rencontrer au Casino et surtout de me dire que j'étais belle.

Plusieurs fois je l'ai vu de ma fenêtre rôdant autour de l'hôtel, et souvent son regard fixe et désagréable me fit détourner les yeux en rougissant. Il était jeune, beau, élégant et, par le sourire et l'expression de son front, ressemblait à mon mari, bien qu'il fût plus bel homme.

Cette ressemblance me frappait, bien que dans l'expression générale de sa physionomie, dans ses lèvres, dans son regard et son menton allongé, au lieu du charme, de la bonté et de cette sérénité idéale qui caractérisait mon mari, il y avait quelque chose de grossier, de brutal.

Je me figurais qu'il m'aimait passionnément, et quelquefois je pensais à lui avec une commisération orgueilleuse. D'autres fois, je cherchais à le calmer, à le mettre sur le pied d'une confiance amicale et paisible, mais il repoussait énergiquement ces tentatives et continuait à troubler désagréablement ma tranquillité par cette passion voilée que je sentais à tout instant sur le point d'éclater.

Je redoutais cet homme sans vouloir me l'avouer, et malgré moi je pensais souvent à lui.

Mon mari conservait envers lui une attitude encore plus réservée et plus froide qu'à l'égard des autres jeunes gens pour lesquels il n'était que le mari de sa femme.

Vers la fin de la saison, je tombai malade et je dus garder la chambre pendant deux semaines.

Lorsque je fus assez bien pour retourner au Casino, j'appris que pendant mon indisposition une personne célèbre par sa beauté, et qu'on attendait depuis longtemps, lady S..., était enfin arrivée. On m'entoura, on me fit fête, mais une cour beaucoup plus brillante se pressait autour de la nouvelle lionne. Je n'entendis parler que d'elle et de sa beauté. On me la fit remarquer; en effet, elle était charmante, mais son visage exprimait une satisfaction d'elle-même qui me frappa désagréablement, et je ne pus m'empêcher d'en faire la réflexion.

Ce jour-là, tout ce qui m'avait enchanté auparavant, me parut fade et sans attraits.

Le lendemain, lady S... organisa une excursion à un château voisin, et je refusai de me joindre à cette partie de plaisir. Un très petit nombre de mes admirateurs me resta fidèle. A partir de ce moment, tout changea à mes yeux, je trouvai tous ces gens insipides et ennuyeux; j'avais toujours envie de pleurer, et je fus prise du désir de retourner le plus vite possible en Russie.

Un nouveau sentiment, que je ne voulais pas encore m'avouer, se glissait dans mon cœur.

Je prétextai l'état de ma santé pour ne plus fréquenter le Casino; je ne sortis plus que pour prendre les eaux et pour faire une promenade dans les environs en compagnie d'une compatriote, M™ L. M....

Mon mari était absent, il était allé passer quelques jours à Heidelberg en attendant la fin de ma cure; aussitôt après, nous devions repartir pour la Russie.

Un jour, lady S... entraîna toute la société à la chasse, je préférai faire une excursion au château toute seule avec Mme L. M...

Pendant que la voiture suivait la route sinueuse, entre deux rangées de châtaigniers séculaires d'où le regard découvre les environs si gracieux de Baden, qui nous apparaissaient sous les vives couleurs du soleil couchant, j'eus avec ma compagne une conversation très sérieuse, comme nous n'en avions pas encore eue. Pour la première fois, je découvris en ma compatriote une femme d'esprit avec laquelle on peut parler de tout et qu'il est bon d'avoir pour amie.

Nous causions de la famille, des enfants, du vide de la vie qu'on mène dans les villes d'eaux, nous exprimions le désir de retourner en Russie, à la campagne, et nous nous sentions à la fois émues et doucement attristées.

C'est sous cette impression recueillie que nous sommes entrées dans le vieux château. Dans son enceinte tout était frais et rempli d'ombre, tandis que le soleil brillait encore sur ces ruines ; on entendait un bruit de pas et de voix.

A travers la porte ouverte on voyait comme dans un cadre cette vue de Baden, si belle, mais trop froide à notre gré, à nous autres Russes.

Je m'assis avec mon amie pour prendre un repas, et nous contemplâmes, en silence, le coucher du soleil.

Les voix que nous avions entendues devinrent plus distinctes, et je crus reconnaître mon nom.

Ces voix ne m'étaient pas inconnues non plus, l'une était celle du marquis D... l'autre interlocuteur était un Français que je connaissais également. Ils parlaient de moi et de Lady S... Le Français détaillait sa beauté et la mienne et les comparait. Il ne disait rien d'injurieux, mais en l'écoutant le sang reflua vers mon cœur.

Il analysait minutieusement nos traits distinctifs : Moi, j'avais déjà eu un enfant, Lady S... n'avait que dix-neuf ans; ma tresse était plus belle mais la taille de ma rivale était plus gracieuse. Elle était une grande dame, tandis que « la vôtre » comme il s'exprimait « est une de ces petites princesses russes comme on en voit tant maintenant, ici. » Il conclut en disant que je faisais bien de ne pas tenter de lutter avec Lady S... et que j'étais tout à fait enterrée à Baden.

— Je la plains, dit l'Italien.

— Si elle voulait au moins se consoler avec vous? suggéra le Français avec un rire gai et moqueur.

— Si elle part, je la suivrai, reprit la voix à l'accent italien.

— Heureux mortel! Il peut encore aimer! dit le Français en riant.

— Aimer? reprit la voix italienne et elle se tut.

— Je ne peux pas vivre sans aimer! continua-t-il au bout d'un moment; que serait l'existence sans l'amour ? Il n'y a qu'une chose de bonne en ce monde : faire de la vie un perpétuel roman... Et moi je n'arrête jamais mon roman au milieu, celui-ci aussi ira jusqu'au dénouement.

— Bonne chance ! mon ami, répliqua le Français.

Nous n'entendîmes plus rien, mais peu après les pas retentirent à droite, résonnèrent sur l'escalier et quelques minutes plus tard les deux interlocuteurs sortaient du château par la porte de côté et furent très surpris de nous voir dans la cour.

Je devins toute rouge lorsque le marquis s'avança vers moi, et positivement effrayée de son audace lorsqu'il me tendit la main. Je ne pouvais pourtant pas refuser de la prendre. Nous nous dirigeâmes ensemble vers la voiture, qui nous attendait en bas, mon amie nous précédait en compagnie du Français.

Je me sentais inquiète en voyant que cet Italien ne craignait pas ma colère, tout en sachant que j'avais entendu tout ce qu'il avait dit.

Les réflexions du Français m'avaient blessée, bien que je fusse forcée de reconnaître qu'il n'avait fait qu'exprimer à haute voix des vérités que je pressentais confusément, mais les paroles du marquis m'avaient stupéfaite et révoltée par leur cynisme.

Il m'était odieux de le voir si près de moi, et sans le regarder, sans lui répondre, et en tenant sous un prétexte ma main sur l'oreille pour ne pas l'entendre, je prenais le pas afin de rejoindre mon amie. Il me parlait de la belle vue, du bonheur que lui procurait cette rencontre inattendue, de choses et d'autres, je ne l'entendais même pas.

Je pensais à mon mari, à mon fils, à la Russie. J'éprouvais un sentiment de honte inconsciente, des regrets, des désirs inavoués et par-dessus tout j'avais hâte de me retrouver seule dans ma chambre à l'Hôtel de Bade, pour me recueillir au milieu des sentiments tumultueux qui venaient de troubler ma tranquillité.

Ma compatriote marchait trop lentement à mon gré et nous étions encore à une assez grande distance de la voiture. Le marquis me semblait ralentir le pas à dessein, comme pour me retenir.

« Cela ne doit pas être, pensai-je, et je marchai résolument plus vite. »

Cependant il continuait à me retenir et même il prit ma main et la pressa.

Un contour de la route nous sépara de mon amie et nous nous trouvâmes seuls, l'Italien et moi. Pour le coup j'eus peur.

— Excusez-moi, lui dis-je froidement, et je fis un effort pour retirer ma main, malheureusement la dentelle de ma manche s'accrocha à un bouton de son habit.

Il se pencha sur moi si près que sa poitrine m'effleura et se mit en devoir de dégager ma manche, ses doigts dégantés touchèrent ma main.

Un sentiment, nouveau pour moi, mêlé d'horreur et de plaisir, fit courir un frisson glacé tout le long de mon dos. Je jetai au marquis un regard indigné espérant lui faire sentir ainsi tout mon mépris, mais ce regard exprima tout autre chose : l'émotion et la crainte.

Ses yeux brillants et humides plongeaient passionnément dans mon visage, se promenaient sur mon cou, sur mes épaules; ses mains caressaient doucement mon poignet, ses lèvres entr'ouvertes murmuraient « Je vous aime, » me disaient que j'étais tout pour lui, elles se rapprochaient m'effleuraient presque, tandis que ses mains me serraient plus fort et me brûlaient...

Du feu courut dans mes veines, mes yeux s'obscurcirent, je tremblai, et mes paroles de protestations expirèrent dans mon gosier desséché.

Tout d'un coup je sentis un baiser sur ma joue et, toute tremblante et glacée, je m'arrêtai au milieu du chemin et je regardai le marquis en face. Je n'avais plus la force de parler ni de marcher ; toute horrifiée j'attendais et je souhaitais je ne sais quoi.

Toute cette scène avait duré un instant, mais que cet instant fut terrible !

Comme j'ai vu distinctement et bien saisi son visage dans le court espace de ce moment ! J'ai compris ce que signifiaient le front bas qui sortait de dessous le rebord de son chapeau de paille, et qui ressemblait au front de mon mari, et ce beau nez droit aux narines frémissantes, et ces longues moustaches cirées et effilées, cette barbiche, ces joues colorées et ce cou hâlé, j'ai tout compris !

Je haïssais et je craignais cet homme, presque un inconnu, mais à cet instant la passion et le trouble de cet homme étranger et abhorré se reflétaient en moi et me fascinaient.

J'éprouvais un désir impétueux de m'abandonner aux baisers de cette bouche belle mais grossière, aux enlacements de ces mains blanches, aux veines fines et aux doigts couverts de bagues. Une envie folle me poussait à me jeter tête baissée dans l'abîme des délices défendues qui venait de s'ouvrir si inopinément devant moi.

— Je suis déjà si malheureuse, pensai-je, eh bien ! que tous les malheurs s'accumulent sur ma tête...

Il m'entoura de son bras et s'inclina vers mon visage, et moi je continuais à penser :

— Eh bien ! que la honte et le péché s'amassent sur ma tête !

— Je vous aime ! dit-il d'une voix qui ressemblait à celle de mon mari.

Alors, je me souvins de mon mari et de mon enfant, comme de deux êtres chéris avec lesquels j'avais depuis longtemps rompu.

A cet instant, j'entendis au détour de la route la voix de mon amie qui m'appelait.

Je revins à moi, je retirai brusquement ma main et, sans regarder le marquis, je courus rejoindre ma compatriote.

Ce ne fut qu'une fois dans la voiture que je

levai les yeux sur l'Italien; il souleva son chapeau et me posa une question en souriant. Il ne devinait pas le mépris inexprimable que je ressentais pour lui en ce moment.

Que ma vie me semblait malheureuse ! l'avenir désespéré et le passé plus noir encore ! Ma compatriote me parlait et je ne l'entendais pas. J'avais l'impression qu'elle m'adressait la parole par pitié, pour cacher le mépris qu'elle devait ressentir pour moi. Je croyais reconnaître ce mépris et cette pitié insultante dans chaque mot et dans chaque regard. Ce baiser brûlait ma joue comme une honte, je ne pouvais endurer la pensée de mon mari et de mon enfant.

Une fois seule dans ma chambre, j'avais espéré pouvoir réfléchir à ma situation, mais la solitude me fit peur. Je ne pris pas le temps de finir le thé qu'on m'apporta, et sans savoir moi-même pourquoi, je me mis avec une activité fiévreuse à faire les préparatifs nécessaires pour prendre le train le soir même pour rejoindre mon mari à Heidelberg.

Quand je me trouvai avec ma femme de chambre dans le compartiment, que la locomotive se mit en marche et que l'air frais souffla sur mon visage par la fenêtre ouverte, alors je commençai à me reprendre et je pus envisager mon passé et mon avenir.

Toute ma vie, depuis notre arrivée à Saint-Pétersbourg, s'offrit à moi sous un nouveau jour, et pesa sur ma conscience comme un remords. Pour la première fois, je me rappelai notre vie à la campagne et nos beaux rêves; pour la première fois aussi je me demandai ce que j'avais fait pour le bonheur de mon mari pendant tout ce temps, et je me sentis coupable envers lui.

Mais aussi, me disais-je, pourquoi ne m'a-t-il pas arrêtée sur cette pente? Pourquoi a-t-il dissimulé avec moi? Pourquoi a-t-il toujours éludé toute explication? Pourquoi m'a-t-il dit des injures? Pourquoi n'a-t-il pas usé du pouvoir que son amour lui donnait sur moi ? Ou bien ne m'aurait-il jamais aimée ?

Cependant quels que fussent ses torts, le baiser de l'étranger me brûlait la joue, et j'en sentais toujours la morsure.

A mesure que nous approchions de Heidelberg, l'image de mon mari se dressait plus clairement devant moi, et notre entrevue m'apparaissait d'autant plus redoutable.

« Je lui dirai tout, oui tout, je rachèterai ma faute par des larmes de repentance, et il me pardonnera ! »

Je me consolais ainsi et pourtant je ne savais pas trop en quoi consistait ce « tout » que je voulais lui dire, et je ne croyais pas que j'obtiendrais son pardon.

Mais à peine fus-je entrée chez mon mari, dès que j'aperçus son visage calme, malgré sa surprise, je compris que je n'avais rien à lui raconter, rien à lui avouer, rien dont je puisse lui demander pardon. Je devais renfermer en moi-même ma douleur et mon repentir et me taire !

— Qu'est-ce qui t'a donné l'idée de venir? me demanda-t-il, je me proposais justement d'aller te voir demain?

Puis, ayant considéré plus attentivement mon visage, il eut un mouvement d'effroi et s'écria :

— Qu'as-tu ? Que t'est-il arrivé ?

— Rien, répondis-je en retenant mes larmes avec effort. — Je suis revenue à toi pour tout de bon. Si tu le veux, nous retournerons en Russie dès demain.

Il m'examina longtemps d'un regard scrutateur et sans prononcer une parole.

— Mais dis-moi ce qui t'est arrivé ! reprit-il.

Involontairement je rougis et je baissai les yeux. Je vis un soupçon outrageant s'allumer dans son regard. Je fus épouvantée en songeant aux pensées qui pourraient lui venir, et, avec une puissance de dissimulation dont je ne me croyais pas capable, je répondis :

— Il n'est rien arrivé, seulement je m'ennuyais toute seule !... puis j'ai beaucoup pensé à toi et à la vie que nous menons... Il y a si longtemps que je me sens coupable devant toi... Pourquoi m'as-tu conduite là où tu ne te souciais pas d'aller toi-même ?... Oh ! oui, il y a longtemps que je sens mes torts !...

De nouveau, les larmes me montèrent aux yeux.

— Oh ! retournons chez nous, à la campagne et pour toujours !... m'écriai-je.

— Mon amie, dit-il froidement, épargne-moi ces scènes sentimentales. Tu désires retourner à la campagne... c'est parfait, car nos affaires ne sont pas brillantes... mais, pour toujours, c'est une autre histoire... Jamais tu ne t'y feras, je le sais... Enfin, ce que tu as de mieux à faire pour le moment, c'est de prendre du thé.

En disant ces mots, il se leva pour sonner le garçon.

Je réfléchissais à tout ce qu'il pouvait supposer sur mon compte, et je me sentis froissée par les idées que je lui attribuais à mon égard et que je croyais lire dans son regard qui se dérobait comme s'il avait honte de rencontrer mes yeux.

« Non, il ne veut pas, il ne peut pas me comprendre », pensai-je.

Je lui dis que je désirais voir l'enfant et je sortis de la chambre.

J'avais envie de rester seule pour pouvoir pleurer, pleurer, pleurer.

IV

Notre maison de Nicolskoë, si longtemps délaissée, renaît de nouveau, mais ce qui l'animait autrefois n'a pas ressuscité.

Ma belle-mère n'est plus, et maintenant mon mari et moi nous sommes seuls en présence l'un de l'autre. Seulement nous ne recherchons plus l'isolement, au contraire c'est pour nous une gêne.

L'hiver a été d'autant plus triste que j'ai été malade tout le temps et que ma santé ne s'est remise qu'après la naissance de mon second fils.

Mes relations avec mon mari sont restées aussi froidement amicales qu'elles l'étaient pendant notre séjour à la ville. Seulement à Nicolskoë chaque mur, chaque divan me rappelaient ce qu'il avait été pour moi et ce que j'avais perdu.

On eût dit qu'il y avait entre nous une offense non pardonnée, ou qu'il voulait me punir d'une faute tout en faisant semblant de ne pas s'en apercevoir.

Mais quelle faute devais-je me faire pardonner? Il me punissait en ceci qu'il ne s'abandonnait plus à moi tout entier, il ne me livrait plus toute son âme comme autrefois; il est vrai qu'il ne la donnait à personne ni à rien, il semblait lui-même l'avoir perdue.

Parfois je pensais que c'était une pose qu'il prenait pour me tourmenter, que l'ancien sentiment couvait encore en lui, et je m'efforçais d'en faire jaillir quelques étincelles. Mais il ne voulait pas répondre avec franchise, il avait l'air de me soupçonner de feindre et redoutait toute effusion comme une sentimentalité ridicule.

Son ton et son regard me disaient : « Je sais tout, oui tout, je sais ce que tu veux me dire, il est donc inutile de me parler. Je sais aussi que tu diras une chose et que tu en feras une autre. »

Au commencement je fus froissée de le voir se dérober ainsi à toute explication franche, mais ensuite je m'habituai à l'idée que ce n'était pas le manque de franchise, mais parce qu'il ne voyait pas la nécessité d'une explication et n'en sentait pas le besoin.

A cette époque de ma vie ma langue ne m'aurait pas obéi, si j'avais voulu lui dire combien je l'aime ou l'inviter à dire ses prières avec moi ou à venir près du piano pour que je lui joue ses morceaux favoris. Quelques convenances existaient déjà entre nous, chacun allait de son côté, lui à ses occupations auxquelles je ne pouvais ni ne voulais prendre part, et moi, je passais mon temps dans l'oisiveté, ce qui ne l'attristait et ne le fâchait plus comme autrefois. Mes enfants étaient encore trop petits pour être un lien entre mon mari et moi.

Le printemps reparut. Katia et ma sœur vinrent passer l'été à la campagne et comme on devait reconstruire notre maison, il fut décidé que mon mari, mes enfants et moi nous passerions l'été à Pokroskoë.

Je retrouvai notre maison toujours la même avec sa terrasse, la table à rallonges et le piano dans le salon clair, et ma chambre avec ses rideaux blancs et tous mes rêves de jeune fille, que je semblais avoir laissés derrière moi en m'en allant.

Cette chambre contenait maintenant un lit et une couchette. Dans le lit qui était autrefois le mien, mon gros Nicolas s'allongeait tant qu'il pouvait, et tous les jours je faisais le signe de la croix sur son front en lui donnant le baiser du soir. Dans la couchette, c'est à peine si je distinguais le minois de mon petit Ivan qui sortait des maillots.

Après avoir fait le signe de la croix sur mes

deux enfants endormis, je m'arrêtais souvent au milieu de la chambre silencieuse et soudain des murs, des rideaux, des moindres recoins s'envolaient de fraîches visions que j'avais oubliées et qui déjà me semblaient si loin de moi! Toutes ces voix du passé me redisaient mes chansons de jeune fille !

Où sont-elles ces visions ? Qu'êtes-vous devenues, chères et douces chansons?

Mes espérances les plus audacieuses ont été réalisées! Mes rêves confus sont maintenant une réalité, et cette réalité est une vie dure, difficile et sans joie!

Autour de moi rien n'a changé, voici le même jardin et, de la fenêtre, je découvre le même sentier et le même banc ; au-dessus du ravin; au bord de l'étang, les rossignols répètent les mêmes chansons, les mêmes lilas fleurissent et la lune, toujours semblable, éclaire encore notre maison !

Et pourtant tout est changé, inévitablement, désespérément changé! Tout ce qui aurait pu être si doux, est maussade et froid.

Comme autrefois je reste au salon avec Katia et nous parlons de Serguei Mikhaïlovitch. Mais les traits de Katia sont fatigués et son teint s'est plombé, ses yeux ne brillent plus de joie ni d'espérance, ils n'expriment plus que la tristesse et de la sympathie pour mes regrets.

Nous n'admirons plus Serguei Mikhaïlovitch comme autrefois, nous le jugeons. Nous ne nous demandons plus avec étonnement pourquoi nous sommes si heureuses et nous n'éprouvons plus le besoin de communiquer notre joie à tout venant ; au contraire nous parlons à voix basse comme des conspirateurs et nous demandons pourquoi tout est devenu si triste ?

Serguei Mikhaïlovitch est aussi toujours le même, seulement la ride qui sépare ses sourcils s'est creusée plus profondément, les cheveux blancs sont plus nombreux autour de ses tempes, et son regard profond et scrutateur est toujours voilé pour moi, un nuage plane entre nous.

Moi aussi je suis la même, mais je n'ai plus d'amour ni le désir de l'amour; je n'éprouve pas le besoin de m'occuper, et je ne suis pas contente de moi.

Mes extases pieuses des temps passés, l'amour que j'avais pour mon fiancé, la plénitude de vie que je connaissais autrefois, que tout cela me semble loin, inaccessible!

Je ne comprendrais plus maintenant ce qui me semblait alors si clair et si juste : le bonheur de vivre pour les autres. Pourrais-je vivre pour les autres quand je n'ai pas le courage de vivre pour moi?

Depuis mon départ de la campagne, j'avais tout à fait abandonné mon piano, mais à mon retour à Pokrovskoë, mon vieux piano et mes anciens cahiers me donnèrent l'envie de me remettre à la musique.

Un jour, je ne me sentais pas très bien et je restai seule à la maison, tandis que Katia, ma sœur et mon mari allaient à Nicolskoë pour voir les nouvelles constructions. La table était déjà préparée pour le thé. Je descendis au salon et en attendant leur retour je me mis au piano.

Je pris la sonate *quasi una fantasia* et je la jouai. Personne n'était là pour m'écouter, et je n'entendais aucun bruit ; les fenêtres étaient ouvertes sur le jardin, et les sons familiers de cette sonate se répandirent dans la chambre avec une solennité douloureuse.

Lorsque j'eus fini l'adagio, inconsciemment, par la force de l'ancienne habitude, je me retournai pour regarder dans le coin ou Serguei Mikhaïlovitch se tenait autrefois quand je jouais. Il n'était plus là... Sa chaise était toujours à la même place, comme si personne ne l'avait bougée depuis ce temps. Par la fenêtre, je voyais le buisson de lilas, le couchant lumineux, et la fraîcheur de la soirée entrait en plein par les croisées ouvertes et me pénétrait.

Je m'accoudai sur le piano, je couvris mon visage de mes mains et m'abandonnai à mes pensées.

Je suis restée longtemps ainsi, évoquant avec douleur le souvenir de ce passé vers lequel il n'était pas en mon pouvoir de retourner, et timidement j'ébauchai des rêves d'avenir.

Mais devant moi je ne voyais plus rien, comme si je n'avais plus ni désirs ni espérances.

« Est-il possible que mon temps soit déjà passé? » me demandai-je avec effroi. Je relevai brusquement la tête et pour chasser mes pensées et m'oublier moi-même, je me mis à jouer encore une fois le même andante.

— Mon Dieu! m'écriai-je en moi-même, pardonne-moi si je suis coupable et rends-moi ce qui faisait le bonheur et la paix de mon âme, ou enseigne-moi ce que je dois faire pour commencer une nouvelle vie.

Un bruit de roues se fit entendre sur le gazon et devant le perron, et peu après des pas mesurés, des pas connus résonnèrent sur la terrasse, puis s'éteignirent.

Mais ces pas n'éveillaient plus dans mon cœur les sentiments qu'ils faisaient naître autrefois.

Quand j'eus fini mon morceau, j'entendis marcher derrière moi, et une main se posa sur mon épaule.

— Que tu es gentille d'avoir joué cette sonate! me dit mon mari.

Je ne répondis pas.

— Tu n'as pas encore pris le thé?

Je fis un signe de tête négatif, sans lever les yeux sur lui pour qu'il ne vît pas l'émotion dont mon visage portait encore les traces.

— Katia et Sonia seront bientôt de retour, le cheval a fait le rétif et elles ont préféré revenir à pied par la grande route.

— Attendons-les pour prendre le thé, dis-je en sortant sur la terrasse dans l'espoir qu'il me suivrait. Mais il s'informa des enfants et alla les rejoindre dans leur chambre.

De nouveau sa présence, sa bonne voix cordiale m'assurait que rien n'était perdu. Que me fallait-il de plus !

Il est un bon, un excellent mari, un bon père, je ne sais pas moi-même ce qui me manque.

Je vins sur la terrasse sous la tente et je m'assis sur ce même banc où j'avais reçu le premier aveu de son amour.

Le soleil était couché, il commençait à faire sombre, un nuage printanier restait suspendu sur la maison et le jardin, mais à travers les arbres on voyait un coin de ciel pur où s'éteignait le crépuscule et se levait l'étoile du soir.

L'ombre du nuage léger planait sur toutes choses et promettait une douce pluie de printemps.

Le vent était tombé, pas une feuille, pas un brin d'herbe ne remuaient. Les lilas et les merisiers fleuraient si bon et si fort dans le jardin et sur la terrasse, qu'on eût pu croire que l'air était en fleur ; c'était comme des vagues odoriférantes, qui dans un mouvement régulier augmentaient ou s'affaiblissaient, et moi, les yeux fermés, je n'avais plus qu'un désir, ne rien voir, ne rien entendre, mais seulement aspirer ce doux parfum.

Les plantes de dahlias et les rosiers alignés et immobiles dans leurs corbeilles de terre noire fraîchement remuée, et encore privés de fleurs, semblaient croître lentement le long de leurs supports de bois écorcés ; les grenouilles en attendant que la pluie les relancent dans l'eau, coassaient en chœur au fond du ravin, et de tous ces bruits se dégageait une longue plainte qui montait dans l'air comme un sanglot.

Les rossignols s'appelaient à de courts intervalles et d'un vol inquiet allaient d'une place à l'autre. L'un d'eux avait de nouveau tenté de bâtir son nid dans un buisson sous ma fenêtre ; quand je vins sur la terrasse, il s'envola dans l'avenue, lança un trille puis resta silencieux et dans l'attente.

J'avais beau chercher à me tranquilliser, au milieu de mes regrets, j'attendais aussi quelque chose.

Mon mari me rejoignit et s'assit près de moi.

— Je crains que Katia et Sonia soient surprises par la pluie.

— Je le crains aussi...

Il y eut entre nous un long silence.

Le nuage, qu'aucun vent ne poussait, descendait toujours plus bas ; l'air devenait toujours plus calme, plus embaumé et plus immobile... tout à coup une large goutte tomba sur la tente en rebondissant, une autre frappa sur le gravier de l'allée qui l'absorba ; une grosse pluie fraîche s'abattit sur nos têtes avec une violence toujours croissante.

Les rossignols et les grenouilles se turent, seulement à travers le fracas de l'averse on distinguait encore une plainte de plus en plus lointaine, comme un sanglot étouffé, et un oiseau, je ne sais lequel, qui cherchait sans doute un abri près de la terrasse dans les feuilles sèches restées sur les branches, jetait en cadence ses deux notes monotones.

— Où vas-tu ? demandai-je à Serguei Mikhaïlovitch en cherchant à le retenir, — il fait si bon ici !

— Je veux envoyer un domestique au-devant de Katia avec un parapluie et des galoches.

— Ce n'est pas nécessaire, la pluie va cesser...

Il se rangea de mon avis et nous restâmes seuls au bord de la terrasse. Je m'appuyai de la main à la rampe humide et glissante, et je penchai la tête en dehors. Une pluie fraîche me mouilla inégalement les cheveux et le cou.

Le petit nuage devenait plus clair et s'amincissait en se déversant sur nous, le bruit égal de la pluie s'arrêta, et l'on n'entendit plus que les quelques gouttes qui tombaient des feuilles.

Les grenouilles reprirent leur concert, les rossignols se ranimèrent et commencèrent à s'appeler de côté et d'autres dans les buissons encore ruisselants. Devant nous tout s'éclaircit.

— Comme il fait beau ! dit Serguei en s'asseyant à moitié sur la balustrade et en passant sa main sur mes cheveux humides.

Cette simple caresse me fit l'effet d'un reproche, j'eus envie de pleurer.

— Et que faut-il de plus à l'homme ? s'écria-t-il.

— Je suis en ce moment si content qu'il ne me manque rien ; je suis tout à fait heureux !

« Ce n'est pas ainsi que tu me parlais autrefois de ton bonheur ? pensai-je ; quel que fût ce bonheur tu voulais toujours quelque chose ! Et maintenant tu es tranquille et content, quand sur mon cœur pèsent un repentir inavoué et des larmes qui n'osent pas couler ! »

— Moi aussi je trouve qu'il fait beau, lui dis-je, mais c'est justement parce que tout est si beau autour de moi que je suis triste. En moi tout est incomplet, inégal, je souhaite toujours quelque chose, lors même que tout est beau et paisible. Est-il possible que lorsque tu jouis de la nature, tu ne ressentes aucun regret, comme si tu ne souhaitais plus rien de ce qui n'est plus ?

Il retira sa main et se recueillit un instant.

— Oui, autrefois cela m'arrivait surtout au printemps, reprit-il, comme s'il cherchait dans ses souvenirs. Moi aussi, je passais des nuits entières dans l'espérance et le désir, c'étaient des nuits délicieuses. Mais alors j'avais toute ma vie devant moi, maintenant elle est en arrière ; maintenant je sais me contenter de ce que j'ai et je suis heureux ! dit-il d'un ton si convaincu et si naturel que je ne pus mettre en doute sa sincérité malgré le chagrin que me causaient ses paroles.

— Et tu ne désires rien de plus? demandai-je.

— Je ne souhaite rien d'impossible, répondit-il, devinant ma pensée. — Mais tu vas te mouiller la tête, reprit-il, en me caressant comme un enfant, et il promena de nouveau sa main dans mes cheveux, — tu envies les feuilles et l'herbe parce que la pluie les mouille, et tu voudrais être l'herbe, la feuille et la pluie. Et moi je suis heureux rien que de les contempler, comme tout ce qui est jeune, beau et heureux.

— Et tu ne regrettes rien du passé, continuai-je, sentant mon cœur devenir de plus en plus lourd.

Il garda de nouveau le silence pour réfléchir. Je vis qu'il tenait à me répondre avec une entière franchise.

— Non, dit-il enfin mélancoliquement.

— Ce n'est pas vrai ! ce n'est pas vrai ! criai-je en me tournant vers lui et en plongeant mon regard dans ses yeux. — Tu ne regrettes pas le passé ?

— Non, dit-il encore une fois, — je suis reconnaissant envers lui, mais je ne le regrette pas.

— Comment, tu ne désires pas qu'il revienne ? m'écriai-je.

Il se détourna et son regard erra sur le jardin.

— Non, je ne le désire point, pas plus que je ne souhaite d'avoir des ailes, reprit-il. — C'est impossible !

— Et tu ne trouves rien à reprendre dans ce passé ? Tu ne lui reproches rien ? Tu ne me reproches rien non plus ?

— Jamais. Tout a été pour le mieux.

— Ecoute, dis-je en lui touchant le bras pour l'obliger à me regarder en face. — Ecoute, pourquoi ne m'as-tu jamais dit comment tu désires que je vive ? Pourquoi m'as-tu donné une liberté dont je n'ai pas su profiter ? Pourquoi as-tu cessé d'être mon guide ? Si tu l'avais voulu, si tu m'avais prise par la main, il ne serait rien arrivé, rien, répétai-je d'une voix où perçait de plus en plus le dépit et le reproche et non pas l'amour.

— Qu'est-ce qui ne serait pas arrivé ? demanda-t-il d'un air étonné en se tournant vers moi. Mais il ne s'est rien passé du tout !

Tout est bien, très bien, ajouta-t-il avec un sourire.

— Ne me comprend-il pas? ou ce qui est pire, ne veut-il pas me comprendre? pensai-je, et les larmes me montèrent aux yeux.

— S'il ne s'était rien passé, est-ce que moi, qui ne t'ai manqué d'aucune manière, j'aurais été punie par ton indifférence et même par ton mépris? demandai-je à brûle-pourpoint. — S'il n'était rien arrivé entre nous, m'aurais-tu retiré, sans que je sache pourquoi, tout ce qui m'était cher dans la vie?

— Qu'as-tu, mon amie? dit-il, comme s'il ne comprenait pas ce que je disais.

— Non, laisse-moi tout dire... Tu m'as retiré ta confiance, ton amour et jusqu'à ton estime; je ne peux pas croire que tu m'aimes maintenant après tout ce qui s'est passé... Non, (il fit un mouvement pour m'interrompre) il faut que cette fois je te dise tout ce que j'ai sur le cœur depuis longtemps... Est-ce ma faute si je ne connaissais pas la vie et si tu m'as laissée me débrouiller toute seule?... Est-ce ma faute si maintenant, lorsque j'ai deviné moi-même ce que tu désires, lorsque depuis une année, je fais tout mon possible pour te ramener à moi, tu as l'air de ne pas comprendre ce que je veux, tu me repousses, et tu sais t'y prendre de telle manière, que je ne trouve pas de reproche à te faire et que c'est moi qui me sens coupable et malheureuse! Oui, tu fais tout ton possible pour me jeter de nouveau dans cette vie qui aurait pu faire mon malheur et le tien.

— Mais où prends-tu tout cela? s'écria-t-il avec un effroi et une surprise qui n'étaient point joués.

— N'es-ce pas toi, repris-je, qui a dit hier encore que tu ne veux pas rester à la campagne et que tu veux passer l'hiver à Saint-Pétersbourg? Tu le répètes tous les jours... Ne sais-tu pas que la ville me dégoûte? Au lieu de me venir en aide, tu évites toute explication, toute parole sincère, toute expression de tendresse... Et après, quand je tomberai tout de bon, tu m'accableras de reproches et tu te réjouiras de ma chute...

— Assez, assez... dit-il sévèrement et froidement.

« Tu as tort de parler ainsi. Cela prouve seulement que tu es mal disposée à mon égard, que tu ne...

— Que je ne t'aime pas? dis-le, dis-le, oui, dis-le...

Des larmes coulèrent de mes yeux. Je tombai assise sur le banc, et j'enfouis mon visage dans mon mouchoir!

Voilà comment il me comprend, pensai-je, en m'efforçant de contenir les sanglots qui m'étouffaient. Et une voix dans mon cœur murmurait : Il a vécu notre ancien amour! tout est fini, fini...

Serguei ne s'est pas approché de moi pour me consoler. Ce que je venais de dire l'avait offensé. Sa voix était calme et sèche.

— Je ne sais pas ce que tu peux avoir à

me reprocher! dit-il, si c'est parce que tu penses que tu es moins aimée qu'autrefois...

— Aimée!... soupirai-je en sanglotant, et des larmes amères mouillèrent mon mouchoir.

— La faute en est au temps et à nous-mêmes, reprit-il, à chaque âge de la vie correspond une certaine manière d'aimer.

Après une pause, il ajouta :

— Et veux-tu que je te dise la vérité, puisque tu réclames de la franchise? De même qu'à l'époque où je t'ai vue pour la première fois, j'ai passé des nuits d'insomnie à ne rêver qu'à toi, à me créer un amour qui allait toujours grandissant et qui m'absorbait tout entier, de même à Saint-Pétersbourg et à l'étranger j'ai passé des nuits blanches à lutter contre mon propre cœur pour anéantir, pour briser cet amour qui faisait mon tourment. Je ne l'ai pas anéanti, mais j'en ai extirpé l'aiguillon; je t'aime toujours, mais d'un autre amour.

— Tu appelles cela de l'amour? Pour moi c'est une torture! m'exclamai-je; Pourquoi m'as-tu permis de vivre dans le monde si tu le trouvais si dangereux que tu as cessé de m'aimer parce que j'y prenais plaisir?

— Ce n'est pas pour cette raison, mon amie, répondit-il.

Mais j'insistai :

— Pourquoi n'as-tu pas usé de tout ton pouvoir sur moi?... Pourquoi ne m'as-tu pas liée? Pourquoi ne m'as-tu pas tuée? J'aimerais mieux être morte que d'être privée de tout ce qui faisait mon bonheur! je n'aurais pas éprouvé ce sentiment de honte qui m'accable, j'aurais été heureuse...

De nouveau je couvris mon visage et j'éclatai en pleurs.

Au même moment Katia et Sonia accoururent sur la terrasse en riant, joyeuses et toutes trempées par la pluie; mais dès qu'elles nous eurent aperçus, elles se turent et se retirèrent aussitôt.

Il y eut un long silence entre nous ; j'avais déversé toutes les larmes que j'avais sur le cœur et je me sentais allégée. Je regardai mon mari : il était assis, la tête appuyée sur son bras, il voulait répondre à mon regard mais ne put que soupirer lourdement et de nouveau il baisssa la tête.

Je m'approchai doucement de lui et j'attirai doucement son bras. Ses yeux pensifs se posèrent sur moi.

— Oui, dit-il, comme s'il continuait ses réflexions, nous tous, pauvres humains, et vous surtout, vous femmes, vous avez besoin de goûter aux futilités de la vie avant de revenir à la véritable vie, vous ne voulez pas vous fier à l'expérience des autres. Tu n'avais pas encore passé par cette phase de futilité charmante dans laquelle je te trouvais si séduisante, et je t'ai permis de la traverser, je sentais que je n'avais pas le droit de t'en empêcher, bien que pour moi le temps de la mondanité fût passé.

— Pourquoi m'as-tu conduite dans ce monde frivole, pourquoi m'as-tu laissée passer par cette phase de futilité, si tu m'aimais ?

— Parce que, lors même que tu l'aurais voulu, tu n'aurais pas pu t'y dérober ; il te fallait apprendre à la connaître par toi-même et tu l'as appris.

— Tu as raisonné, trop bien raisonné, repris-je, et trop peu aimé !

De nouveau il y eut un silence.

— Ce que tu viens de dire est dur, répondit-il enfin, mais c'est la vérité.

Il se leva et se mit à marcher en long et en large sur la terrasse.

— Oui, c'est vrai, c'est ma faute, ajouta-t-il, en s'arrêtant en face de moi. Je n'aurais pas dû me permettre de t'aimer ou j'aurais dû t'aimer plus simplement, c'est ma faute !

— Oublions tout..... dis-je timidement.

— Non, ce qui est passé ne reviendra plus, jamais...

Et sa voix prit des inflexions plus douces.

— Mais tout est déjà revenu ! m'exclamai-je en posant ma main sur son épaule.

Il reprit :

— Non, je n'ai pas dit la vérité en déclarant que je ne regrettais pas le passé. Oh ! oui, je le regrette et je pleure cet amour évanoui, qui n'est plus et qui ne peut ressusciter !... A qui la faute ?... Je l'ignore... Il y a toujours de l'amour, mais ce n'est plus cet amour... sa place est restée mais lui-même s'est consumé en souffrances, il n'a plus de force, plus de sève.... il n'en reste plus que le souvenir reconnaissant... et c'est tout...

— Oh ! ne parle pas ainsi ! criai-je en l'interrompant : Que tout redevienne comme autrefois !...

— Tout peut ressusciter, n'est-ce pas ?

Et en lui posant cette question je regardai ardemment dans ses yeux.

Mais ses prunelles restèrent claires, et son regard paisible n'avait plus son intensité profonde d'autrefois.

Je compris alors que mes désirs étaient vains et que ce que je demandais n'était plus possible.

Serguéï Mikhaïlovitch me répondit par un sourire calme et tendre qui était déjà, à ce qu'il me sembla, le sourire d'un vieillard.

— Que tu es encore jeune et comme je suis vieux ! dit-il. — Je ne peux plus te donner ce que tu réclames ; pourquoi t'abuses-tu ? continua-t-il en souriant toujours.

Je restai debout près de lui sans rien dire, mais un peu de tranquillité rentrait dans mon âme.

— N'essayons pas de répéter la vie, reprit-il. — Ne nous mentons pas à nous-mêmes !... Au contraire, félicitons-nous de ne plus connaître les émotions et les inquiétudes d'autrefois ! Nous n'avons plus rien à chercher, nous avons déjà trouvé, et notre part de bonheur n'est pas petite. Maintenant il nous reste à frayer la voie pour ce petit homme !

Il me montra la nourrice qui venait d'arriver avec le petit Ivan dans ses bras et qui s'arrêtait à l'entrée de la terrasse.

— Oui, chère amie, ajouta mon mari pour conclusion, et se penchant vers moi il m'embrassa.

Ce n'était plus un baiser d'amant mais celui d'un vieil ami.

La fraîcheur embaumée de la nuit montait du jardin, toujours plus suave et plus pénétrante, les sons devenaient plus graves, le recueillement de la nature plus solennel, et sur le ciel les étoiles s'allumaient plus nombreuses,

Je regardais mon mari, et je sentis mon âme plus légère, comme si l'on venait d'extirper le nerf moral qui me faisait souffrir; tout à coup je compris nettement que les émotions du temps passé ne reviendraient plus, comme ce temps lui-même était passé pour toujours, et que non seulement ce retour était impossible, mais encore qu'il serait pénible et gênant.

Après tout, me dis-je, ce temps était-il véritablement si beau, quoiqu'il m'ait semblé si heureux ! et que tout cela est déjà loin de moi !

— Décidément il est temps de prendre le thé, dit Serguéï Miklaïlovitch, et nous entrâmes ensemble au petit salon.

Sur le pas de la porte je rencontrai de nouveau la nourrice qui portait le petit Ivan. Je pris l'enfant dans mes bras, j'enveloppai soigneusement ses petons nus et rosés, je le pressai contre moi et l'embrassai en l'effleurant à peine de mes lèvres. Comme s'il se réveillait, il agita ses menottes avec ses petits doigts écartés, et ouvrit ses yeux inquiets comme s'il cherchait à se rappeler quelque chose ; tout à coup son regard se posa sur moi, une étincelle de pensée en jaillit et ses lèvres entr'ouvertes ébauchèrent un sourire.

« Il est à moi, à moi, pensai-je, et dans un transport de bonheur, qui vibra dans tout mon être, je le serrai sur ma poitrine avec un emportement à peine contenu par la crainte de froisser ses membres délicats.

Je me mis à baiser éperdument ses petits pieds froids, tout son corps mignon jusqu'à sa tête à peine recouverte de cheveux.

Mon mari s'approcha de moi, je lui dérobai vivement le visage de l'enfant pour le découvrir aussitôt.

— Ivan Sergueïevitch, dit-il, en touchant du doigt le menton potelé.

Mais je m'empressai de voiler de nouveau le visage d'Ivan Sergueïevitch. Personne d'autre que moi ne devait le contempler longtemps.

Je levai la tête vers Sergueï Mikhaïlovitch, ses yeux riaient et cherchaient les miens, et pour la première fois depuis de longues années j'eus du plaisir à rencontrer son regard.

Ce jour-là mon roman avec mon mari fut fini ; l'ancien sentiment ne fut plus qu'un souvenir du passé, et un sentiment nouveau, l'amour de mes enfants et du père de mes enfants a ouvert une nouvelle vie devant moi, une vie tout autre, heureuse, bien que toute différente de l'ancienne, et dans laquelle je marche encore aujourd'hui.

FIN

ÉMILE COLIN. — IMPRIMERIE DE LIGNY.

EXTRAIT DU CATALOGUE
DE LA
Librairie C. MARPON et E. FLAMMARION
RUE RACINE, 26, PRÈS L'ODÉON

ŒUVRES DE CAMILLE FLAMMARION

Ouvrage couronné par l'Académie Française

ASTRONOMIE POPULAIRE
Quatre-vingtième Mille

Un beau volume grand in-18 jésus de 840 pages
Illustré de 360 gravures, 7 chromolithographies, cartes célestes, etc.
Prix : broché, 12 fr.; — Relié toile, tr. dor. et plaque, 16 fr.
Le même ouvrage, édition de luxe, 2 vol. gr. in-8°, 20 fr.

LES ÉTOILES ET LES CURIOSITÉS DU CIEL
DESCRIPTION COMPLÈTE DU CIEL, ÉTOILE PAR ÉTOILE,
CONSTELLATIONS, INSTRUMENTS, ETC.
Quarantième Mille

Un volume grand in-8° jésus, illustré de 490 gravures, cartes
et chromolithographies
Prix : broché, 12 fr.; — Relié toile, tr. dorées avec plaque, 16 fr.

LES TERRES DU CIEL
VOYAGE SUR LES PLANÈTES DE NOTRE SYSTÈME
et descriptions des conditions actuelles de la vie à leur surface
OUVRAGE ILLUSTRÉ
DE PHOTOGRAPHIES CÉLESTES, VUES TÉLESCOPIQUES, CARTES & 400 FIGURES
Un volume grand in-8°
Prix : broché, 12 fr.; — Relié toile, tr. dorées et plaque, 16 fr.

LE MONDE AVANT LA CRÉATION DE L'HOMME
ORIGINES DU MONDE
ORIGINES DE LA VIE — ORIGINES DE L'HUMANITÉ
Ouvrage illustré de 400 figures, 5 aquarelles, 8 cartes en couleur
Un volume grand in-8° jésus
Prix : broché, 10 fr.; — Relié toile, tr. dor., plaques, 14 fr.

*Souscription permanente de ces ouvrages en Livraison à
10 centimes et en série à 50 centimes*

ŒUVRES DE CAMILLE FLAMMARION (Suite)

DANS LE CIEL ET SUR LA TERRE
TABLEAUX ET HARMONIES
Illustrés de quatre eaux-fortes de Kauffmann
1 volume in-16 grand jésus. — Prix : 5 fr.

LA PLURALITÉ DES MONDES HABITÉS
AU POINT DE VUE DE L'ASTRONOMIE
DE LA PHYSIOLOGIE ET LA PHILOSOPHIE NATURELLE
33ᵉ édition. — 1 vol. in-18 avec figures. — Prix : 3 fr. 50

LES MONDES IMAGINAIRES ET LES MONDES RÉELS
REVUE DES THÉORIES HUMAINES SUR LES HABITANTS
DES ASTRES
26ᵉ édition. — 1 vol. in-18 avec figures. — Prix : 3 fr. 50

DIEU DANS LA NATURE
OU LE SPIRITUALISME ET LE MATÉRIALISME DEVANT LA SCIENCE
MODERNE
20ᵉ édition. — 1 fort vol. in-18 avec portrait. — Prix : 4 fr.

RÉCITS DE L'INFINI
LUMEN. — HISTOIRE D'UNE AME. — HISTOIRE D'UNE COMÈTE.
LA VIE UNIVERSELLE ET ÉTERNELLE
10ᵉ édition. — 1 vol. in-18. — Prix : 3 fr. 50

SIR HUMPHRY DAVY

LES DERNIERS JOURS D'UN PHILOSOPHE
ENTRETIENS SUR LA NATURE ET SUR LES SCIENCES
Traduit de l'anglais et annoté
7ᵉ édition française. — 1 vol. in-18. — Prix : 3 fr. 50

MES VOYAGES AÉRIENS
JOURNAL DE BORD DE DOUZE VOYAGES EN BALLONS, AVEC
PLANS TOPOGRAPHIQUES
1 volume in-18. — Nouvelle édition. — Prix : 3 fr. 50

BIBLIOTHÈQUE SCIENTIFIQUE POPULAIRE

PUBLIÉE SOUS LA DIRECTION DE

CAMILLE FLAMMARION

LA
CRÉATION DE L'HOMME

ET LES

PREMIERS AGES DE L'HUMANITÉ

PAR

H. DU CLEUZIOU

UN VOLUME GRAND IN-8° JÉSUS

ILLUSTRÉ DE 350 GRAVURES

8 grandes planches tirées à part et 2 cartes de dolman

Prix broché. . . . . 10 francs

Prix, le volume tranches dorées . . 14 francs

ALPHONSE DAUDET

LA BELLE-NIVERNAISE
Histoire d'un vieux Bateau et de son Équipage
ÉDITION DE GRAND LUXE
Illustrée par MONTÉGUT, de 200 Gravures dans le texte
et de 21 Planches à part tirées en phototypie
Un beau volume grand in-8° jésus
Prix : broché, 10 fr. — Relié toile, tr. dor., pl. or, 14 fr.
Demi-chagrin, 16 fr.

HECTOR MALOT

LA PETITE SŒUR
Un beau volume grand in-8° jésus
ILLUSTRÉ
PAR CHAPUIS, DASCHER, G. GUYOT, H. MARTIN, MOUCHOT
ROCHECROSSE, VOGEL
GRAVURES DE F. MÉAULLE
PRIX :
Broché, 10 fr. — Relié toile, tranches dorées : 14 fr.
Demi-chagrin, tranches dorées : 16 fr.

ALPHONSE DAUDET

TARTARIN SUR LES ALPES
ÉDITION ILLUSTRÉE DE 150 COMPOSITIONS
PAR
MM. MYRBACH, ARANDA, DE BEAUMONT, ROSSI, MONTENARD
Frontispice et couverture, aquarelles de ROSSI
PORTRAIT DE L'AUTEUR
Un volume in-18. — Prix............ 3 fr. 50
Reliure toile, plaque : 5 fr. — En belle reliure d'amateur : 6 fr.

TARTARIN DE TARASCON
ÉDITION ILLUSTRÉE
PAR MONTÉGUT, ROSSI, MIRBACH, ETC.
Un volume in-18. — Prix...... 3 fr. 50

www.ingramcontent.com/pod-product-compliance
Lightning Source LLC
Chambersburg PA
CBHW070628170426
43200CB00010B/1940